Louis Hausalter et Agathe Lambret

L'étrange victoire

Macron II, l'histoire secrète

Éditions de
L'Observatoire

ISBN : 979-10-329-1327-7
Dépôt légal : 2022, juin

170 *bis*, boulevard du Montparnasse, 75014 Paris

À Ariane, née juste avant ce livre.
À Benjamin, à ma famille.

Parenthèse

Emmanuel Macron est fatigué. Cette image ne correspond pas à une légende savamment entretenue depuis des années. Celle d'un président qui ne se ménage pas, ne se relâche pas, ne dort pas. Le mythe du surhomme. C'est vrai qu'il bluffe régulièrement ses conseillers par son énergie débordante, sa propension à étirer les agendas, ses horaires de travail peu conventionnels. « Je ne sais pas comment il fait », répètent ses proches, mi-admiratifs, mi-inquiets.

Pourtant, ce soir du dimanche 24 avril 2022, il est épuisé. Essoré par ces semaines où il a fallu être sur tous les fronts. Y compris au sens propre, puisque c'est une guerre qui a tout bouleversé. Cette nouvelle crise est venue conclure un quinquennat de tempêtes et percuter une échéance démocratique majeure.

Parmi les quelque deux cents personnes qui se serrent dans la salle des fêtes de l'Élysée, certains scrutent la mine du président. Ils observent ses cernes, ses rides, son visage creusé par l'exercice du pouvoir. Emmanuel Macron salue ceux qui viennent le féliciter. Il les prend dans ses bras, leur rend les compliments. Au côté de sa famille et du personnel du palais, il vient de voir son visage s'afficher sur l'écran de télévision. Pour la deuxième fois en cinq ans. Un authentique exploit sous la Ve République : aucun président n'avait été réélu, en dehors de ceux qui sortaient d'une cohabitation.

Mais si cette soirée est au soulagement, elle n'est pas à l'allégresse. Quand Emmanuel Macron retrouve ses partisans sur le Champ-de-Mars, la tour Eiffel pour décor, son discours est sans souffle, et étonnamment concis. Très loin du monarque conquérant marchant devant la pyramide du Louvre, cinq ans plus tôt. Cette réédition est humble et convenue. Comme si les grandes illusions s'étaient évanouies.

Après un dernier bain de foule, Emmanuel Macron quitte la capitale avec Brigitte. Direction la Lanterne, résidence de villégiature des présidents, près du château de Versailles. Le couple présidentiel est seul, loin du fracas parisien, pour une parenthèse de calme. Sous son mandat, la demeure n'a jamais été ouverte aux conseillers. C'est seulement à ce moment-là, confie-t-il à distance à ses proches, qu'il réalise vraiment. Dans le silence nocturne de l'ancien pavillon de chasse de Louis XV, il médite cette réélection si particulière.

C'est une étrange victoire. Évacuons tout de suite un quelconque procès en illégitimité : avec 58 % des suffrages, le succès d'Emmanuel Macron est clair et sans appel. La démocratie a parlé : les électeurs lui accordent cinq ans de plus.

Mais Emmanuel Macron l'a emporté dans un pays fracturé. Jamais le vote Le Pen n'a rassemblé autant de voix, quand l'abstention au second tour frôle le record de la présidentielle de 1969. Le président triomphe dans un champ de ruines. Celles des partis de gouvernement historiques de la Ve République, LR et PS, laminés.

Les conditions de cette reconduction sont singulières. D'abord parce que la guerre a percuté la campagne, placée plus que jamais sous le signe du retour du tragique, après un quinquennat marqué par les gilets jaunes et l'épidémie de Covid. Ensuite parce que derrière les sourires satisfaits de la victoire se dissimulent amertumes, tensions et malentendus. Prémices d'un second mandat qui s'annonce aussi trouble qu'un dangereux brouillard.

Pour toutes ces raisons, cette reconquête du pouvoir suprême mérite d'être restituée dans ses moindres détails. Les coulisses de la campagne Macron II disent bien plus que des intrigues de palais. Elles racontent un système bâti par un président qui joue des divisions de son entourage. Elles témoignent de conflits humains et idéologiques au cœur du pouvoir. Elles éclairent les batailles internes de cette Macronie qui a fait du « en même temps » sa déroutante caractéristique.

Menacée d'être reléguée à l'arrière-plan par la furie des événements et le désenchantement des Français, la campagne présidentielle de 2022 a été nerveuse, ramassée, souvent insaisissable. Et pour comprendre pourquoi elle ne s'est pas du tout passée comme prévu, il faut d'abord partir vers l'Orient glacé. Sur des terres où un homme imprévisible se prépare à provoquer une onde de choc aux répercussions majeures, jusque sur la scène politique française.

Moscou

Il neige sur la place Rouge. Un abondant tapis blanc s'est déposé sur les pavés, au pied des remparts du Kremlin. Au second plan, un palais. Le musée d'Histoire et sa splendeur écarlate.

Devant la scène majestueuse, un petit groupe avance. Silhouettes sombres, pardessus bleu marine et serviette à la main. Ils marchent, ramassés sur eux-mêmes.

C'est Emmanuel Macron qui, à 2 heures du matin, a proposé cette balade impromptue. Il vient enfin de quitter le Kremlin. Dans la forteresse, ancienne résidence des tsars puis des dirigeants de l'Union soviétique, il a passé cinq heures en tête à tête avec Vladimir Poutine. Après ce moment éprouvant, il doit débriefer avec ses conseillers.

En déplacement, ils font souvent cette marche nocturne – c'est même devenu un rituel – pour faire un point informel. Après d'interminables sommets européens à Bruxelles, le président se dégourdit toujours les jambes, même sous la pluie, même quand l'aube approche. Mais cette nuit du 8 février 2022, s'il s'attarde dans le froid moscovite, c'est aussi pour être sûr de ne pas être écouté. Trop risqué de converser à l'hôtel, autour d'un whisky, comme il aime également le faire. Pas en Russie.

Autour de lui, chacun a conscience qu'il gardera l'instant, magnétique, gravé dans sa mémoire. Le cadre extraordinaire sur la place Rouge, la neige, la nuit : c'est une plongée dans Tolstoï. Un moment de relâchement aussi, après des heures de tensions, et alors que ces voyages demandent énormément de préparation. Certains avaient la boule au ventre en conférence de presse et, d'un seul coup, la pression redescend. Le président s'en est sorti.

La petite bande frôle le mausolée de Lénine, les souliers s'enfoncent dans la neige. Les clochers aux mille couleurs de Saint-Basile tranchent sur le ciel d'encre. On inspire l'air glacial.

On pense à Boulgakov, qui a fait entrer le diable dans Moscou. La délégation songe peut-être à ce qu'il écrivait dans *Le Maître et Marguerite* : « À quoi servirait ton bien, si le mal n'existait pas, et à quoi ressemblerait la terre, si on en effaçait les ombres ? » Ce jour-là, l'ombre du mal, c'est Poutine.

Pendant huit heures, ils se sont sentis pris au piège dans l'antre du président russe. Un univers hostile, menaçant. Un épisode du *Bureau des légendes*, mais bien réel : ambiance guerre froide, paranoïa et KGB.

Quand ils les accueillent au Kremlin, les Russes sont aussi courtois en apparence que glaçants dans leur attitude. Sourire aux lèvres et dans un anglais parfait, un conseiller susurre à son homologue français : « Nous avons une passion commune, l'Afrique. » La délégation comprend que la vie de chaque membre a été passée au crible. C'est ici la règle du jeu. Le maître des lieux n'a pas de limites.

Et puis il y a ce protocole sanitaire absurde et humiliant. Poutine est terrifié par les maladies contagieuses.

Les Russes ont demandé aux Français d'arriver six heures à l'avance pour se faire tester. Ils sont censés attendre les résultats pendant tout ce temps, dans une pièce assignée. Impossible d'accepter pour Emmanuel Macron, qui trouve aberrant que l'on ose demander cela à un président. Pourtant, il sait à quoi il renonce. Il n'aura aucune image de poignée de main avec Poutine. Et l'entretien aura lieu autour d'une table ridiculement grande - six mètres de long - qui fera le bonheur des réseaux sociaux.

Surtout, et c'est potentiellement plus grave, Emmanuel Macron se prive de la présence de son équipe, interdite d'entrer dans la pièce. Emmanuel Bonne, le conseiller diplomatique du président, se rappelle cette citadelle glaciale, de nuit. Il voit le président partir par une petite porte, sans protocole, sans accueil. Et tous, soudain, le perdent de vue.

La délégation se retrouve parquée dans une salle, sans aucune possibilité de communiquer avec son patron. Pendant les longues heures que dure l'entretien, personne, pas un ministre ni un conseiller du président russe, ne vient leur rendre visite. Seule compagnie, un écran lénifiant qui diffuse en boucle des images du Kremlin. Ils mangent des pirojkis, ces petits croissants farcis, et boivent du thé, dans une atmosphère étrange. L'équipe a ferraillé pour que Soazig de La Moissonnière, la photographe du président, puisse le suivre jusqu'à la salle de l'entretien. Pour immortaliser l'instant, mais aussi pour vérifier que rien ne cloche.

Poutine est un habitué des coups tordus. Les diplomates restent hantés par cette rencontre avec Angela Merkel lors de laquelle le président russe avait fait entrer un énorme molosse, sachant très bien que la chancelière allemande a la phobie des chiens. Quant à Nicolas Sarkozy, personne n'a oublié les images de lui sortant d'un entretien avec Poutine, au début de son mandat. Il avait l'air tellement groggy, choqué, qu'on l'avait cru ivre en conférence de presse. À tort. Sarkozy était en fait comme un boxeur, KO sous la violence des uppercuts.

Quand Emmanuel Macron sort enfin, ils sont une poignée à pouvoir le retrouver. Sa conseillère communication Anne-Sophie Bradelle, sa photographe, son aide de camp et bien sûr son sherpa, Emmanuel Bonne. Le président murmure une seule phrase à l'oreille de ce dernier : « On a eu raison de venir. » Puis la communication devient non verbale. Il faut vite préparer la conférence de presse. Chacun tient en main un brouillon avec les éléments que la France souhaitait obtenir. Sans parler, Macron coche, rature ou complète au stylo.

La tension ne redescend pas. Même après la conférence de presse, quand Poutine prend Macron à part pour lui offrir une coupe de champagne. À son équipe, qui lui demandera en souriant si c'était du champagne français ou russe, le président répondra qu'il est incapable de le leur dire. Il n'a rien bu, il n'a même pas fait semblant. Il est encore ailleurs.

Le chef de l'État attendra d'être dehors pour se livrer davantage, et décrire à ses conseillers un président russe enferré dans une vision hermétique du monde. « Le président l'a trouvé bunkerisé, changé. Il ne l'avait pas vu depuis décembre 2019. Il a vu un homme retranché, très peu accessible au raisonnement. Il a beaucoup essayé de lui parler, à tel point que Poutine dira qu'il l'a torturé, raconte Emmanuel Bonne. Le président sort aussi convaincu que Poutine prépare la guerre et se donne tous les moyens de la faire, sans savoir s'il la fera vraiment. »

Emmanuel Macron est pourtant venu offrir à Poutine des portes de sortie. Dans l'avion, avec ses conseillers, il avait préparé plusieurs options. Jusqu'à envisager la neutralité de l'Ukraine, un compromis entre la position russe et celle de l'Otan. Un tabou, tant les Américains ne veulent pas en entendre parler.

Le président est à la fois satisfait d'avoir essayé et inquiet de la suite. Il insiste auprès de la petite délégation : le président russe ne paraît plus le même. Comme si deux ans de Covid avaient un peu plus isolé et radicalisé l'autocrate. « Il s'est passé quelque chose. Poutine a changé. »

Les clans

« Je n'ai pas de cabinet. » L'un de ses ministres a déjà entendu Emmanuel Macron répéter en souriant la phrase de François Mitterrand. Comme le président socialiste en son temps, Emmanuel Macron fonctionne par cercles qui ne communiquent pas entre eux. Il n'aime rien plus que cultiver les avis différents. Sa campagne ne dérogera pas à la règle : soumise à une sourde lutte d'influences. Mais pour comprendre la pièce, il faut déjà faire connaissance avec ses principaux acteurs :

- Les Scénaristes : des conseillers qui composent et mettent en scène la campagne, tels des troubadours.
- Les Technos : des technocrates friands de chiffres, moins d'humain, au langage parfois obscur.
- Les Grognards : des politiques madrés, seuls à oser dire son fait au président.
- Les Jeunes Loups : des ambitieux aux dents longues, qui tentent de s'inviter sur scène.

Sans plus attendre, levons le rideau.

*

Dans un bureau d'angle du premier étage de l'Élysée, les deux conseillers les plus influents d'Emmanuel Macron discutent froidement. Ce jour de février, Alexis Kohler, le secrétaire général, reçoit Clément Léonarduzzi, le conseiller en communication d'Emmanuel Macron. Certains disent que Kohler est le cerveau droit du président, Léonarduzzi le cerveau gauche. Ils ont beau être au service du même homme, cela fait bientôt deux ans qu'un océan les sépare. Dans le fond, ils se respectent, et ils n'élèvent jamais la voix l'un contre l'autre. Toutes les tensions sont larvées, ce qui ne les empêche pas de résonner dans le palais. Le secrétaire général, qui laisse rarement transparaître ses émotions, n'est pas du genre à faire des scènes. Mais humainement, psychologiquement, tout oppose Alexis Kohler et Clément Léonarduzzi. Les deux lieutenants du président fonctionnent différemment. Et malgré le calme de la pièce, séparée seulement par le salon vert du bureau présidentiel, quelque chose se brise.

Alexis Kohler, toujours imperturbable, expose ses vues. Cela fait un moment que Léonarduzzi sait qu'il pilotera la stratégie de la campagne d'Emmanuel Macron. Mais Kohler lui explique que pour cela, il va devoir quitter son bureau à l'Élysée. Les règles d'une campagne électorale sont strictes, il ne faut pas mélanger les genres, développe le secrétaire général. Pour satisfaire la Commission des comptes de campagne, le communicant devra prendre ses quartiers au QG. C'est de là qu'il pilotera les opérations.

Léonarduzzi avait senti les choses venir. Depuis le mois de septembre, Alexis Kohler ne l'invite pas à la réunion hebdomadaire qu'il organise au QG de campagne. Mais depuis janvier, soudain, le secrétaire général s'est mis à inciter le communicant à se joindre au groupe. Une façon de lui signifier clairement que sa place est désormais là, et plus à l'Élysée. Mais Léonarduzzi refuse de tomber dans le piège, il sèche les agapes. Ce qui ne fait que repousser son déménagement.

Difficile de ne pas y voir une volonté de mise à l'écart, de la part d'un secrétaire général tout-puissant qui, pour la première fois à l'Élysée, a trouvé aussi influent que lui. Dans sa volonté de contrôle, Kohler ne souffre pas qu'un autre conseiller ait autant l'oreille du président.

Léonarduzzi est d'autant plus chagrin que d'autres bénéficieront de bien davantage de souplesse. Étrangement, Soazig de La Moissonnière, la photographe du président, a le droit d'être à la fois au palais et au QG de campagne. Gabriel Attal, lui, pourra rester porte-parole du gouvernement tout en ferraillant dans les médias pour le candidat. Et Alexis Kohler, évidemment, ne supporterait pas un mi-temps : il restera à l'Élysée, dans sa tour de contrôle. Seuls Léonarduzzi et le conseiller discours du président, Jonathan Guémas, doivent faire leurs cartons.

Reste qu'en éloignant le stratège et la plume, le secrétaire général a coupé le lien hiérarchique qui les reliait à lui. Les deux hommes partent le cœur lourd, mais dotés d'une certaine liberté retrouvée. Plus besoin de passer par Kohler pour faire valider une note ou un discours. Désormais, quand ils ne sont pas d'accord, ils peuvent se permettre de le dire directement à Macron.

Clément Léonarduzzi tutoie son patron. Le président est allé le chercher lorsqu'il dirigeait Publicis Consultants. À l'époque, le stratège conseillait les patrons du CAC 40. Né à Nogent-sur-Marne, d'un père patron de PME et d'une mère au foyer, le communicant avait déjà une belle carrière. Arriver à l'Élysée fut son bâton de maréchal. Ce barbu décontracté, aux faux airs de Toby Ziegler dans la série culte *À la Maison-Blanche*, est du genre pragmatique. Il croit à une com aux accents marketing, qui n'hésite pas à segmenter les publics. Sa bible, ce sont les études d'opinion, qui lui donnent le sentiment de rester en phase avec la vraie vie, dans un palais déconnecté.

C'est un pince-sans-rire au ton direct, au débit mitraillette, qui déroule toujours ses arguments d'une voix égale. Il commence certaines de ses phrases par : « Si j'étais cynique, je dirais que... » Il l'est souvent, mais ce n'est pas grave, ça permet même de gagner du temps. Il a aussi, comme le président, le culte du secret, qui confine parfois à la paranoïa. Depuis un an et demi, il est au service du chef de l'État, avec comme principale mission d'insuffler chez Macron de l'empathie, là où beaucoup de Français percevaient du mépris.

Léonarduzzi forme avec Jonathan Guémas un tandem soudé. Ils partagent la même sensibilité sociale-démocrate, et la même consternation pour ce que la gauche est devenue. Une alliance rare de deux profils qui détonnent, dans ce marigot. Guémas, la plume du président, est né à Bédée, une commune bretonne de quatre mille habitants. C'est un normalien, un homme de mots. Un troubadour qui aime jongler entre culture populaire et littéraire. Un air évanescent, aussi, qui tranche avec son regard affûté et rieur. Il a trois ans et demi d'Élysée au compteur et, comme Léonarduzzi, il quitte le Château à son corps défendant, avec ses souvenirs.

Jonathan Guémas n'est pas près d'oublier ce 15 mars 2020, lorsque le président l'a appelé, tard le soir, pour lui annoncer qu'il s'adresserait aux Français le lendemain. Pas anodin, d'écrire le texte par lequel on ordonnera à 67 millions de personnes de rester chez elles. Ce soir-là, à l'aveugle, il a commencé à poser des mots sur l'impensable : le confinement. S'est ensuivie une journée d'allers-retours entre Macron et lui, alimentés au fur et à mesure par les recommandations du conseil scientifique et les résultats des réunions d'arbitrage. Ironie de l'histoire, Guémas était, lui, déjà confiné, sur ordre du médecin de l'Élysée, puisqu'il était cas contact. Quelques jours plus tôt, sa deuxième fille venait de naître.

Il y a eu les allocutions du Covid, mais aussi le discours sur les cent cinquante ans de la République, l'hommage à Samuel Paty, la cérémonie pour Jean-Paul Belmondo... Chaque fois, Guémas noircit des feuilles qu'il transcrit ensuite sur ordinateur. La mission de la plume du président est de convertir sur le papier la complexe pensée macronienne.

À l'Élysée, le communicant et le conseiller discours occupaient des bureaux voisins. Arriver au QG, loin des dorures et des huissiers en habits, est un rendez-vous en terre inconnue. Une plongée dans le règne de la *start-up nation* : ici, c'est ambiance *open space*. Ils tombent sur une armée mexicaine en ébullition, impatiente que la campagne démarre vraiment. Des jeunes en costume, aussi ambitieux que désœuvrés, qu'il faut gérer. C'est Alexis Kohler – qui a le luxe d'être à la fois dedans et dehors – qui a recruté différents profils, sans consulter grand-monde. Certains n'ont jamais trouvé leur place, évanouis à peine leur arrivée annoncée.

L'homme de la communication et celui des discours ont le sentiment de débarquer dans un système qu'on leur a imposé. Jonathan Guémas n'est pas qu'un littéraire éthéré, c'est un politique. Un habitué de l'ambiance militante, lui qui dans une autre vie collait des affiches pour le Parti socialiste. Clément Léonarduzzi, lui, a un peu plus de mal à s'acclimater. Le conseiller est *cash*, pas du genre à tourner autour du pot. Ce qui donne lieu à quelques moments… intenses.

Dans cette campagne parfois corsetée par les Technos, le conseiller et la plume tentent d'imposer leur style. Car depuis son bureau, Alexis Kohler veut garder le contrôle des opérations. Le programme, c'est son grand œuvre. C'est lui qui a supervisé les groupes de travail mobilisés sur le projet. Quant à la stratégie, pas question pour lui de la laisser entièrement aux Scénaristes.

Kohler est le vice-président de la République. Richard Ferrand, le président de l'Assemblée, l'a baptisé « le confiné zéro », lui qui, bien avant que le Covid n'apparaisse, restait enfermé jusque tard dans son bureau d'angle au premier étage de l'Élysée. L'expression n'est pas seulement une plaisanterie, elle pointe la déconnexion supposée d'un énarque sans parcours électoral qui, jamais, ne sort prendre le pouls du terrain.

Le secrétaire général de l'Élysée forme un duo avec Ismaël Emelien, un trentenaire qui avait pensé la stratégie de la campagne d'Emmanuel Macron en 2017. Un tandem nimbé de mystère. Au palais, les deux hommes s'enferment régulièrement pour de longs conciliabules. Mais personne ne sait jamais ce qu'ils se disent. Emelien est un rescapé. Au début du mandat, alors conseiller spécial du président, il a commis une erreur que beaucoup ont cru fatale : théoriser la mise à l'écart de Brigitte. Il a officiellement quitté l'Élysée en 2019, mais il est toujours dans les parages. Certains voient d'un mauvais œil ce jeune homme qu'ils considèrent comme un démocrate américain, à côté de la plaque dans son approche de la réalité française. Mais ils sont peu nombreux à le confesser : Emelien est trop proche du sommet pour être attaqué. Il n'a pas pris ses quartiers au QG, mais c'est tout comme : le bureau de Kohler est un lieu tellement plus stratégique...

Un troisième homme vient compléter l'équipe des Technos, même si son profil est hybride. Kohler s'appuie beaucoup sur Julien Denormandie, qui était son adjoint quand il dirigeait le cabinet d'Emmanuel Macron à Bercy. Son dessein est de lui confier les rênes de la direction de la campagne. Histoire d'avoir un homme à lui du côté du QG.

Comme Emelien, Denormandie est un historique de la bande de 2017. Ancien ingénieur agronome devenu ministre de l'Agriculture, c'est un quadragénaire au physique diaphane et timide. Ce catho de gauche, quatre enfants, est un taiseux, un perfectionniste. Un sensible aussi, pas cynique, ce qui est exceptionnel en Macronie. « Julien, c'est saint Jean », assure François Patriat, le patron des sénateurs macronistes, friand de métaphores bibliques. Le disciple préféré de Jésus, celui qui l'a suivi jusqu'au bout. La proximité de Denormandie avec le président suscite bien des jalousies.

En mettant sur pied à bas bruit l'équipe des Technos, Alexis Kohler fait froncer les sourcils des Scénaristes...

et s'étrangler les Grognards. Ce sont ces quelques politiques expérimentés qui ont soutenu Emmanuel Macron dès 2017. Les deux premiers sont Richard Ferrand, le président de l'Assemblée nationale, général en chef des troupes macronistes, et François Bayrou, le patron du MoDem, allié providentiel il y a cinq ans. Ils forment, avec Christophe Castaner, président du groupe LREM à l'Assemblée, et François Patriat, sénateur de Côte-d'Or, un petit cercle d'habitués des dîners élyséens.

À la cour, rares sont ceux qui osent dire les choses au président. Richard Ferrand et François Bayrou sont de ceux-là. Emmanuel Macron n'a pas tant de politiques chevronnés dans son entourage. Dans cette campagne, la paire Ferrand-Bayrou sera en quelque sorte la vigie du temple macronien. Le bon sens paysan des Grognards face aux Technos déconnectés.

À ces attelages hétéroclites tentent de se greffer les Jeunes Loups, des ambitieux à la recherche d'une place au soleil. Problème : la Macronie n'est pas bonne assimilatrice. Les « mormons », surnom cruellement donné aux collaborateurs historiques de Macron, restent jaloux de leur prééminence historique, et ne supportent pas que « leur » président leur échappe. Ceux qui ont tenté de se faire une place au cours du quinquennat les décrivent parfois comme une secte. Autant dire que pour les Jeunes Loups, s'incruster dans le cockpit de cette seconde campagne relève de la gageure.

Pourtant, un homme de droite a réussi à se faire une place. Il sera de toutes les réunions ou presque. C'est Sébastien Lecornu, ancien des Républicains converti en

2017. Humour truculent et imitations imbattables - spécialement quand il s'agit de Nicolas Sarkozy -, Lecornu ne fait pas seulement rire le président. Lui qui a été élu maire à 28 ans a tissé sa toile chez les élus locaux pour les mettre au service de Macron. Le jeune prodige a ainsi apporté ce dont les macronistes surdiplômés et hors-sol étaient cruellement dépourvus : un parcours électoral, un enracinement dans un territoire, un sens politique au contact des « vraies gens ». Ses détracteurs racontent une autre histoire, eux qui dépeignent Lecornu comme un incurable courtisan, peu économe de ses talents de lèche-bottes. Il n'empêche : à force de se rendre utile, il n'est jamais très loin du Roi Soleil.

Enfin, un autre ambitieux compte bien se glisser dans la salle à l'entracte, et ne plus la quitter. Gabriel Attal réussira à s'imposer, à mesure que la campagne avancera. Il a moins de proximité avec le président, mais s'est illustré au poste de porte-parole du gouvernement. Attal a souvent la réplique qui fait mouche, et son activisme sur les plateaux télé sera utile au candidat.

Entre ces macronistes de divers horizons, tout au long du quinquennat, les rivalités se sont creusées, les clans se sont sédimentés. Emmanuel Macron n'a rien fait pour l'empêcher. Au contraire, il l'a encouragé, ménageant les rivalités pour mieux régner. Il joue du bal des courtisans. À dix personnes, au même moment, il posera sa question rituelle : « Comment tu sens les choses ? » À l'un qui lui soumettra une idée, il répondra par message *« Feu »*. À l'autre qui lui proposera la même chose, il enverra *« boom boom »*. Les deux fidèles seront mis en concurrence sans même le savoir.

Emmanuel Macron cloisonne étroitement et valorise la loyauté plus que tout : gare à celui qui se pousse trop du col, l'élimination le guette. Sa méthode, il l'a rodée pendant cinq ans au pouvoir. Il compte bien la perpétuer dans les préparatifs de sa nouvelle campagne. À ses risques et périls.

Le plan A

Une vallée boisée à la nature verdoyante. Une petite ville paisible, avec son église, son château et sa place du marché. À l'horizon, des cimes enneigées se détachent dans le ciel, dont celle du célèbre pic du Midi.

Bienvenue à Argelès-Gazost, sous-préfecture des Hautes-Pyrénées, dont le calme s'apprête à être troublé en cette fin février. À plus de 700 kilomètres de là, à Paris, la décision vient de tomber. C'est ici qu'Emmanuel Macron se déclarera candidat à l'élection présidentielle.

Clément Léonarduzzi, le communicant du président, cherchait « un lieu très français ». Un décor qui convoque tout de suite un imaginaire éternel chez les électeurs. Emmanuel Macron doit se déclarer dans la France profonde, histoire de casser l'image de président des villes, et de contrer le procès en déconnexion. C'est aussi un symbole plus personnel. Argelès est situé à quelques encablures de Bagnères-de-Bigorre, d'où sa famille maternelle est originaire. Le président a grandi à Amiens, mais il aime dire qu'il est chez lui sur ces terres montagnardes. Le moment doit être placé sous le signe de l'enracinement.

Le mardi 22 février au soir, le lieu est arrêté. Emmanuel Macron doit prononcer classiquement un discours sur place, entouré d'étudiants et de jeunes professionnels.

Au QG de la rue du Rocher, Grégoire Potton, le coordinateur de la campagne, prévoit d'envoyer une équipe faire « la reco » (reconnaissance) le jeudi. Ce trentenaire, un ancien du Parti socialiste qui goûte peu la lumière, était déjà l'une des chevilles ouvrières de la campagne de 2017. Emmanuel Macron lui a demandé de reprendre du service, Potton a dit non. Le chef de l'État a insisté, il a dit oui. Depuis l'été dernier, l'homme s'occupe minutieusement de l'intendance. Clinique, il coordonne tout, vérifie tout, son carnet de notes toujours à portée de main. Mais il commence à trouver le temps long : difficile de diriger une campagne sans candidat. Enfin, le champion va entrer dans l'arène.

Le lieu de la déclaration a fait l'objet d'âpres débats. Les Grognards du président, Richard Ferrand et François Bayrou, poussaient plutôt pour qu'Emmanuel Macron officialise sa candidature au Salon de l'agriculture. Les Scénaristes, Clément Léonarduzzi au premier chef, ont fait la moue : Macron est invité en tant que président, il risquerait de voler la vedette aux paysans. Même Julien Denormandie, le ministre de l'Agriculture, n'était pas fan de cette option.

Les dissensions entre les clans ont commencé. Elles montent encore d'un cran quand il s'agit de mettre en musique l'explication. Une idée trotte dans la tête de Clément Léonarduzzi. Depuis longtemps, le communicant issu de la gauche songe à la « Lettre à tous les Français » de François Mitterrand en 1988. Une missive intime et dense, diffusée dans la presse à coups d'achat d'encarts publicitaires, deux semaines avant le premier tour. Nicolas Sarkozy a eu recours au même exercice de style en 2012. Le secrétaire général de l'Élysée, Alexis Kohler, n'est pas emballé par cette idée de poète, qui paraît un poil désuète. Il pense que la lettre passera inaperçue, que les Français la verront passer sans la lire.

Pour compléter le dispositif de com, Léonarduzzi a un autre format dans ses cartons. Plusieurs boîtes de production sont venues frapper à la porte pour filmer la campagne de l'intérieur. Dominique Delport, un ancien du groupe Vivendi, a proposé une série diffusée par épisodes sur le Web, façon Netflix, qui suivrait Emmanuel Macron dans les coulisses de sa campagne.

Le président aime bien l'idée, lui qui affectionne la mise en scène. Mais les Technos freinent des quatre fers. Ces anciens de la campagne de 2017 ont le culte du secret et trouvent trop risqué d'exposer ainsi le candidat. Leur idée : une déclaration sous forme de vidéo diffusée sur YouTube, comme l'a fait Éric Zemmour en novembre.

En attendant qu'Emmanuel Macron tranche, le staff se consolide. Depuis l'automne, un mercato a commencé à bas bruit. À l'Élysée, certains bureaux se vident. Le conseiller opinion, le directeur de la création, le *data analyst*... ils sont plusieurs à partir vers le QG de campagne, à un quart d'heure à pied.

Alexis Kohler, qui ne veut pas laisser les mains entièrement libres à Clément Léonarduzzi, mijote le casting et avance ses pions. Depuis plusieurs semaines, il joue avec les pièces d'un puzzle. Un mini-remaniement est dans les tuyaux, afin de renforcer le QG.

Julien Denormandie, le ministre de l'Agriculture, doit être propulsé directeur de campagne, celui entre les mains duquel tout passe pour validation. Si Kohler a poussé ce transfert, c'est loin d'être innocent : Denormandie est un proche, son ancien adjoint quand il dirigeait le cabinet de Macron à Bercy. Le secrétaire général veut placer un homme à lui aux premières loges du QG, tandis qu'il restera à l'Élysée. Ceinture et bretelles.

Les deux autres pressentis sont les Jeunes Loups qui cherchent, eux aussi, à se faire valoir. Sébastien Lecornu, ministre des Outre-mer et transfuge de la droite, fort de son large portefeuille d'élus locaux, sera le coordinateur politique. Gabriel Attal, qui a gagné ses lauriers comme porte-parole du gouvernement, jouera le même rôle pour le candidat. Il sera secondé par deux femmes, inconnues du grand public : Caroline Cayeux, maire de Beauvais et ancienne des Républicains, et Brigitte Bourguignon, ministre déléguée à l'Autonomie venue du Parti socialiste. Sur ce point, Léonarduzzi est d'accord avec Kohler et pousse pour la nomination du trio. C'est Amélie de Montchalin, la ministre chargée de la Fonction publique, qui doit remplacer Attal au porte-parolat.

Tout ce petit monde piaffe, mais doit prendre son mal en patience. L'actualité est sombre : compliqué de trouver un créneau pour lancer vraiment la campagne, alors que les Français n'ont pas la tête à la politique.

Quand la déclaration d'Emmanuel Macron se précise, fin février, un premier meeting se dessine. Le choix du président se porte sur Marseille, une ville pour laquelle il adore mettre en scène son attachement. Le QG réserve le parc Chanot pour une démonstration de force programmée le samedi 5 mars. Deux autres projets de meeting sont dans l'air : l'un en région parisienne, l'autre dans une ville de l'Ouest.

Un autre macroniste réserve une salle, à peu près au même moment. Christophe Castaner, le patron du groupe La République en marche à l'Assemblée nationale, escompte bien qu'Emmanuel Macron, une fois sa candidature officialisée, se montre d'abord devant sa majorité. Il organise donc un raout des députés à L'Entrepôt, dans le XIVe arrondissement de Paris. Prix de la location : 30 000 euros.

Les conditions ne prévoyaient pas un remboursement pour cause de guerre. En quelques heures, le plan A va couler, et la campagne basculer dans une tout autre dimension.

Déflagration

Réveiller le président de la République en pleine nuit obéit à un protocole précis. C'est le secrétaire général de l'Élysée qui prend cette lourde décision, après avoir évalué la situation. Puis la tâche est confiée à l'aide de camp, chargé d'entrer dans l'appartement privé du couple présidentiel, au premier étage de l'aile est. Un saint des saints où, en principe, les conseillers ne mettent pas les pieds.

Emmanuel Bonne, lui, n'a pas vraiment fermé l'œil cette nuit du 23 au 24 février 2022. Un peu avant 5 heures du matin, le patron de la cellule diplomatique reçoit une alerte : l'armée russe a entamé des opérations en Ukraine. C'est lui qui sonne le branle-bas de combat et prévient un Alexis Kohler un peu embrumé : le secrétaire général non plus ne s'est pas couché très tôt, et en plus, il n'est pas du matin. Aussitôt réveillé, Emmanuel Macron convoque un Conseil de défense pour 9 heures.

La guerre signe un double échec : le renseignement français n'a pas su anticiper, la diplomatie n'a pas pu empêcher. Depuis le déplacement présidentiel tendu à Moscou, les « diplos » n'ont pourtant pas ménagé leurs efforts. Dimanche, la cellule a même passé toute la journée à mettre sur les rails une tentative de la dernière chance. Dans le Salon doré, le bureau où il reçoit les visiteurs et passe les appels, Emmanuel Macron a eu Joe Biden, Vladimir Poutine, Volodymyr Zelensky... À la nuit tombée, pensant tenir une petite victoire, l'Élysée a annoncé que les présidents américain et russe acceptaient de participer à un sommet. Mais le lendemain matin, le porte-parole du Kremlin a douché les espoirs, en jugeant « prématuré » de parler d'une telle rencontre. Le lundi soir, dans une allocution longue et hallucinée, Poutine a reconnu l'indépendance des régions séparatistes de l'est de l'Ukraine. Depuis ce moment-là, à la cellule diplomatique, plus grand monde ne doute de l'engrenage fatal.

Le Conseil de défense se tient dans le PC Jupiter, un bunker situé en sous-sol, à la verticale des appartements privés. C'est un ancien abri antiaérien, construit sous la présidence d'Albert Lebrun. Emmanuel Macron demande un point de situation et la liste des décisions à prendre. Que faire pour les expatriés français en Ukraine et en Russie ? Que proposer au Conseil européen prévu le soir même à Bruxelles ? Surtout, quelles sanctions mettre sur la table contre Moscou ?

L'une des premières décisions du président est de laisser ouverte l'ambassade de France à Kiev. Pour assister les ressortissants français sur place, mais aussi pour permettre à Zelensky de s'y réfugier le cas échéant. Prémonitoire, quand on sait qu'au cours de l'un de leurs appels, Poutine dira à Macron cette phrase glaçante : « Zelensky est terré dans son bunker, comme Hitler, et je sais où est le bunker. »

« Je vais parler aux Français », annonce aussi le président. L'enregistrement d'une allocution est programmé, pour une diffusion à 13 heures. On prévient le conseiller discours, Jonathan Guémas, qui n'a allumé son portable que vers 8 h 30. Le retardataire fonce à l'Élysée. Macron lui signifie la commande : « Je veux dire deux choses. Un, c'est un changement. Deux, ça aura des conséquences majeures sur nos vies. » La plume se met au travail, en lien avec les diplos.

Ces derniers n'avaient pas été autant en première ligne depuis longtemps. Depuis que l'Ukraine focalise l'attention, les conseillers font d'incessants allers-retours rue de l'Élysée, entre le bâtiment principal et l'hôtel de Hirsch, une annexe où réside le pôle diplomatique. Les lieux abritaient la sulfureuse cellule Afrique de Jacques Foccart, sous de Gaulle et Pompidou. Là, depuis son majestueux bureau aux murs lambrissés, Emmanuel Bonne pilote l'équipe, en configuration de gestion de crise, jusque dans les aspects les plus terre à terre. La pièce s'est ainsi parfois transformée en garderie, le dimanche. Entre les fauteuils Louis XV en velours turquoise, il est arrivé que des bambins jouent sur l'épaisse moquette, quand leurs parents n'avaient pas d'autre choix. Un autre jour, Emmanuel Bonne a dû ravitailler tardivement l'équipe en burgers McDo.

Pour les *calls*, une petite escouade a pris l'habitude de rejoindre le président dans le Salon doré : Emmanuel Bonne, son adjointe Alice Rufo, le chef d'état-major particulier l'amiral Jean-Philippe Rolland, la conseillère Europe continentale Isabelle Dumont, et la conseillère en communication sur l'international Anne-Sophie Bradelle. D'autres conseillers spécialisés sont mobilisés le cas échéant. La photographe officielle, Soazig de La Moissonnière, vient prendre des clichés d'un président anxieux, parfois prostré, la tête entre les mains, qui susciteront des commentaires grinçants. Sur les réseaux sociaux, mais aussi jusqu'au cabinet élyséen.

Pour la communication plus officielle, Anne-Sophie Bradelle organise souvent des briefings presse après les appels. Les journalistes se connectent sur une audioconférence via WhatsApp. Emmanuel Bonne fait un compte rendu, parfois en citant mot à mot des phrases prononcées par Poutine. Il répond ensuite aux questions. Mais d'autres appels entre le président et Poutine n'ont pas été révélés, dans des moments particulièrement délicats, ou lorsque des éléments abordés devaient rester confidentiels. Les diplomates ne communiquent que lorsque cela les arrange.

Pour joindre Poutine ou Biden, il faut évidemment s'organiser en amont, entre diplos des deux pays. Mais d'autres appels sont plus rapides. Il arrive à Emmanuel Macron de contacter directement sur leurs portables certains homologues européens, comme l'Italien Mario Draghi, mais aussi l'Ukrainien Volodymyr Zelensky, devenu en quelques semaines le visage de la résistance à l'armée russe.

Bien avant la guerre, Macron a tissé un lien particulier avec Zelensky. Il l'avait même reçu quand celui-ci n'était que candidat à la présidentielle, au printemps 2019. Ce comédien et humoriste, qui s'était lancé en politique avec la volonté de faire sauter le système, l'avait intrigué. Élu président, Zelensky a réservé à Macron sa première visite officielle à l'étranger.

Désormais, les deux hommes échangent régulièrement via WhatsApp. De la même façon, Brigitte Macron correspond avec Olena, l'épouse de Zelensky. À la cellule diplo, on apprécie ce contact étroit, mais on s'inquiète pour la sécurité du président ukrainien, qui risque chaque fois d'être géolocalisé par les services russes.

Après avoir enregistré son allocution, Emmanuel Macron part prendre l'avion pour Bruxelles. Mais avant, il a laissé une consigne à la plume Jonathan Guémas et au conseiller en communication Clément Léonarduzzi, qui préparent la stratégie du candidat pas encore déclaré : « Réfléchissez à la suite, parce que ça change beaucoup de choses pour la campagne. »

La guerre va en effet mettre sur le devant de la table des sujets cruciaux : l'indépendance énergétique, l'approvisionnement alimentaire, l'embryon de défense européenne, le rôle de l'Otan. Dans l'immédiat, elle bouleverse surtout le calendrier de la candidature du président. Légalement, Macron n'a plus qu'une grosse semaine pour officialiser ses intentions.

Pendant quelques jours, il se consacre toutefois presque uniquement au dossier ukrainien, ce qui va le priver de nuits ordinaires. Le mercredi suivant, il s'adresse à nouveau aux Français, dans une allocution plus longue. Il a bien songé à une interview au journal de 20 heures, mais l'option a été écartée : la question de la candidature lui aurait été inévitablement posée. Macron souhaite éviter le mélange des genres. Pour évoquer un sujet aussi grave, il veut être pleinement président, pas encore candidat.

L'atmosphère n'est plus à la liesse de la campagne et du terrain. Le déplacement dans les Hautes-Pyrénées est annulé : la lettre aux Français fera office de sobre déclaration. Annulé aussi, le meeting à Marseille, au prix d'un trou considérable dans le budget. La guerre fait également voler en éclats le remaniement prévu. Le secrétaire général de l'Élysée, Alexis Kohler, et le Premier ministre, Jean Castex, ne veulent pas déplumer l'équipage en pleine tempête. Julien Denormandie, Sébastien Lecornu, Gabriel Attal et Brigitte Bourguignon resteront à leur poste, même s'ils n'en sont pas ravis. Il faudra jongler entre le gouvernement et le QG. Pour eux, comme pour le président-candidat, ce sera à la fois la campagne et la guerre.

Le conseil de Sarko

Le fauve patiente dans le Salon des tapisseries, mal nommé pour l'occasion. Cette pièce, il pourrait la dessiner les yeux fermés, comme tous les recoins du palais. Il est midi, Nicolas Sarkozy a rendez-vous à l'Élysée. Au sommet, on s'est arrangé pour qu'il ne croise pas François Hollande, qui est en train de terminer son rendez-vous avec Emmanuel Macron. Les deux « ex » se détestent, ils n'ont pas envie de se voir, surtout dans ce lieu si symbolique pour eux.

Au lendemain de l'invasion russe en Ukraine, Emmanuel Macron a décidé de recevoir ses deux prédécesseurs. Pour se nourrir de leurs expériences, les deux chefs d'État ayant pratiqué Poutine avant lui. Et pour tenter d'imposer l'union nationale autour de sa gestion de crise.

Dans le bureau du président, Sarkozy a une idée en tête : convaincre Macron de se rendre à Moscou et à Kiev. Et peu importe si le président s'y est déjà rendu début février. Maintenant que la guerre est déclarée, Sarkozy assure qu'il doit y retourner. « Il faut y aller », martèle-t-il à plusieurs reprises à son successeur.

Pour l'ancien chef de l'État, une crise aussi grave ne peut pas se régler au téléphone. Ces gens-là sont des félins, ils doivent se sentir, la diplomatie est un corps-à-corps.

Après tout, lui s'était bien rendu à Moscou puis à Tbilissi en 2008, quand l'armée russe s'était abattue sur la Géorgie. Quelques jours après l'entrée des chars russes en Ossétie du Sud, il avait eu le courage de monter dans l'avion, malgré les avis contraires, et bien que George Bush et Angela Merkel le lui aient déconseillé. Lui, sur place, s'était confronté physiquement à Poutine. Il avait ensuite rencontré le président géorgien. Et il était parvenu à arracher un cessez-le-feu provisoire sur le terrain.

L'ex-président ne peut pas s'empêcher de faire le parallèle entre la crise géorgienne d'hier et l'Ukraine d'aujourd'hui. Il considère que Macron et lui n'ont pas la même méthode. Lui, il fait. Et il trouve que l'actuel président parle trop aux journalistes. La preuve : avant de se rendre à Moscou début février, Macron s'est confié au *Journal du dimanche*, qui en a tiré un gros titre : « Exclusif. Ce que Macron va dire à Poutine ». Pour Sarkozy, un président ne devrait pas faire ça.

Au royaume des « Jean-Kévin »

Richard Ferrand n'en revient toujours pas. Un jour, quand il est arrivé dans le hall du QG de la rue du Rocher, une petite main de la campagne lui a demandé... qui il était. Le Grognard a tenté de garder son calme en déclinant son identité et ses fonctions : « fondateur d'En Marche, et accessoirement président de l'Assemblée nationale... »

Tout au long de la campagne, des proches d'Emmanuel Macron se sont raconté l'anecdote, mi-goguenards, mi-atterrés. Il faut dire que, dès que les recrutements de salariés se sont accélérés au QG, un malaise a surgi. Forts de leur expérience, des élus de la majorité et conseillers du président regardent de haut ces jeunes bobos qui n'ont jamais eu de mandat électoral, mais se piquent de politique, enfermés dans un beau quartier de Paris. Qui sont ces gens, dont ils ne connaissent ni les noms ni les visages, qui prétendent mener la campagne de leur candidat ?

Un conseiller de Macron les a affublés d'un surnom méchamment drôle : « les Jean-Kévin ». Manière de railler le côté tête à claques de ces blancs-becs dont les smartphones semblent greffés au bras. Ces jeunes font de la politique les yeux rivés sur leurs écrans, à coups de tweets et de boucles Telegram. Ah, Telegram... La Macronie adore communiquer sur cette messagerie cryptée russe, réputée beaucoup plus sûre que les textos ou WhatsApp. Même si la guerre déclenchée par Moscou a soulevé une angoisse : ne faut-il pas migrer sur un autre service ? Le 27 février, trois jours après le début de l'invasion en Ukraine, le QG envoie à tout le monde un message rassurant. Certes, « la guerre crée une situation de risques accrus de cyberattaques », peut-on lire, mais l'utilisation de Telegram « est toujours possible et recommandée pour l'animation de nos communautés ».

Ouf ! Les boucles peuvent continuer à chauffer. Et il y en a à la pelle... À travers ces canaux, le QG fait pleuvoir un déluge d'éléments de langage sur les élus et les militants. Il y a « le brief majo », qui donne l'agenda de la Macronie ; « le brief politique », avec l'actualité du jour ; la « veille argu », qui mobilise soixante bénévoles... Un canal dédié a même été créé pour chaque candidat à la présidentielle, afin de repérer ses déclarations et de les contrer. De nombreux élus ont été ajoutés à ces boucles et voient défiler, sidérés, des tonnes de messages qu'ils ont renoncé à lire, tant ce langage leur paraît obscur.

Le monde clos du QG exaspère une bonne partie de la majorité, qui se sent tenue à l'écart. Il y a de quoi. Dès le début de la campagne, une règle a été arrêtée : aucun ministre dans les déplacements d'Emmanuel Macron. Le candidat veut incarner seul. Les équipes du QG s'emploient aussi à modérer les ardeurs des politiques qui cherchent la lumière. Le temps de parole à la télévision et à la radio est décompté : pas question de laisser les soutiens parasiter celui du candidat. Le 24 février, jour du début de la guerre en Ukraine, il a même fallu « débrancher » une députée LREM qui était déjà au maquillage de l'émission *C à vous*...

Sur le terrain, on râle et on soupire. Un député breton peste contre le « puceau » en charge de son département, dont ce nigaud est allé jusqu'à écorcher le nom. Un sénateur n'a jamais saisi ce que faisait exactement le responsable que le parti paie dans sa région. Il y a un monde entre ces élus, qui voient des Français tous les week-ends dans leurs fiefs, et ces permanents qui ont des *process* et fonctionnent « en mode projet ». Le QG se dresse devant les politiques de terrain comme un repaire de Parisiens branchés et hors-sol, à mi-chemin entre le cabinet de conseil et l'agence de pub.

Clément Léonarduzzi et Jonathan Guémas, qui viennent de rallier la rue du Rocher, ont plus de tendresse pour le bataillon de jeunes soldats au service du candidat. Même s'il arrive au communicant de s'agacer de leurs manières un poil bourgeoises, comme l'a raconté *L'Express*. Quand Emmanuel Macron s'apprête à passer pour la première fois au QG, le 7 mars, l'excitation parcourt les troupes. Beaucoup se sont mis sur leur trente-et-un : ils vont enfin voir leur héros, peut-être même le toucher. Léonarduzzi, toujours cash, les sermonne : « Arrêtez de vous habiller comme des banquiers. On n'est pas chez Goldman Sachs ! »

La boulette du réveillon

Parenthèse européenne sous haute tension. Emmanuel Macron n'a pas déclaré sa candidature depuis une semaine qu'il doit déjà replonger dans son agenda international. Les 10 et 11 mars, il reçoit ses homologues européens à Versailles. Initialement, ce devait être un sommet sur le modèle de croissance de l'Union. Mais vu le contexte, la guerre en Ukraine s'impose évidemment comme le premier sujet.

Pour l'occasion, Macron a passé un ordre, celui de hisser le drapeau européen sous l'Arc de triomphe. Cette fois, pas de critiques retentissantes, comme le 31 décembre, quand certains opposants avaient monté en épingle le pavoisement de la bannière étoilée. De quoi donner des sueurs froides à l'Élysée, à l'époque. Avec le recul, ce réveillon agité mérite d'être narré, tant il montre que la politique est autant affaire d'improvisation et de boulettes que de manœuvres savamment ourdies.

Il est 14 heures, ce dernier jour de l'année 2021, quand Clément Beaune rentre dans son appartement parisien. Il vient de passer quelques jours pour Noël chez sa mère, dans le sud de la France. À peine arrivé, il reçoit sur Instagram le message d'un ami, qui lui envoie, admiratif, la photo d'un drapeau européen qui trône sous l'Arc de triomphe. Le secrétaire d'État chargé des Affaires européennes découvre l'étendard. Il n'était pas au courant que ce pavoisement était prévu, mais après tout, pourquoi pas...

Sauf que le drapeau étoilé va très vite lui gâcher son 31 décembre. Peu avant 18 heures, ce vendredi, Marine Le Pen est la première à dégainer sur Twitter, en accusant Macron de « provocation ». À l'affût, la candidate se dit « outrée que le drapeau français ait été remplacé par celui de l'Union européenne sous l'Arc de triomphe, au-dessus de la tombe du Soldat inconnu ».

Marine Le Pen se trompe : le drapeau français n'a pas été décroché, puisqu'il ne flotte jamais sous l'Arc de triomphe, sauf pour une poignée de cérémonies officielles. Clément Beaune envoie à Emmanuel Macron le tweet de la candidate RN : « Tu as vu la polémique ? » Le président accuse réception, et lui signale en réponse que Valérie Pécresse a elle aussi tweeté, plus tard dans la soirée. Elle s'indigne au diapason de Marine Le Pen, et demande à Macron de « rétablir notre drapeau tricolore à côté de celui de l'Europe, sous l'Arc de triomphe » Entre-temps, Éric Zemmour aussi y est allé de son tweet, criant à « l'outrage ».

La première polémique de 2022 est lancée. En ce début d'année, la guerre des trois fait rage sur le flanc droit de l'échiquier politique. Marine Le Pen, suivie de Valérie Pécresse puis Éric Zemmour sont en pleine course à l'échalote. C'est le procès de l'européisme béat ou maladroit d'Emmanuel Macron.

Dans les états-majors des oppositions ou sur les plateaux télé, beaucoup verront dans cette affaire du drapeau un coup diabolique du président-candidat, préparé de longue date pour revivifier sa base électorale. En réalité, ce soir-là, le président s'agace et demande des explications à Clément Beaune : pourquoi le drapeau français n'a-t-il pas aussi été installé ? Disposer les deux drapeaux était-il impossible ? Le secrétaire d'État, impuissant, lui répond qu'il découvre comme lui l'objet du crime.

Ceux qui ont cru déceler un nouvel accès de machiavélisme du président ont oublié le célèbre avertissement de Michel Rocard : « Toujours préférer l'hypothèse de la connerie à celle du complot. La connerie est courante. Le complot exige un esprit rare. » De fait, la vraie histoire du drapeau de l'Arc de triomphe est désarmante de connerie.

Depuis des mois, Clément Beaune planchait sur une opération symbolique, destinée à illustrer la présidence française du Conseil de l'Union européenne : l'illumination en bleu de plusieurs monuments parisiens, comme la tour Eiffel, Notre-Dame, le Louvre... et l'Arc de triomphe. À partir du début d'année, ils devaient tous briller aux couleurs de l'Europe. Le secrétaire d'État a présidé d'interminables réunions pour faire aboutir le fastidieux processus. C'est que chaque édifice a sa tutelle : il faut donc appeler les interlocuteurs un par un.

En novembre 2021, la direction des opérations de l'Élysée reprend les choses en main, histoire de centraliser l'ensemble des illuminations. Et c'est elle qui, sans consulter personne, a l'idée d'installer le drapeau européen sous l'Arc de triomphe.

Résultat : en ce 31 décembre, le foie gras a un goût amer. D'autant que le président vient justement d'enregistrer des vœux qui se veulent apaisants. « Il ne faut pas subir », répète-t-il souvent à ses proches. Il ne déteste rien de plus, d'autant que ce n'était pas son initiative. « C'est moi, le cocu, et c'est moi qu'on engueule ! » gémissait Feydeau.

En fin de journée, Emmanuel Macron ne cesse d'échanger avec ses deux Clément. Beaune, mais aussi Léonarduzzi, son communicant. Plusieurs options sont sur la table pour éteindre l'incendie. Pourquoi ne pas ajouter un drapeau français ? En 2008, lors de la précédente présidence française, les deux étendards avaient cohabité sous l'Arc. Mais Nicolas Sarkozy avait alors fait ajouter un mât. En réinstaller un prendrait du temps, car il faut retrouver la pièce de ferronnerie, et coûterait accessoirement autour de 255 000 euros.

Clément Beaune plaide plutôt pour arrêter les frais. Surtout, il veut assumer, histoire de raviver l'ADN européen de Macron. Prendre la vague de la polémique au lieu de se laisser submerger. C'est la ligne adoptée, alors que Beaune est l'invité le lendemain de l'émission *Questions politiques* sur France Inter. Jean Cocteau avait raison : « Puisque ces mystères me dépassent, feignons d'en être l'organisateur. »

Reste une question à trancher pour nos pompiers de service du réveillon : combien de temps laisser cet irritant drapeau accroché à l'Arc de triomphe ? Tant qu'à assumer, Clément Beaune propose de le laisser quelques jours. Emmanuel Macron veut l'enlever plus tôt, entre le dimanche et le lundi.

Mais c'est sans compter l'esprit d'initiative et l'imagination de la direction des opérations de l'Élysée qui, encore une fois, intervient sans prévenir. Sous la pression des critiques, elle enlève le drapeau européen dans la nuit de samedi à dimanche. Comme si les macronistes avaient eu honte et s'étaient précipités pour le retirer en catimini. Marine Le Pen crie aussitôt victoire.

Quelques heures avant son émission, Clément Beaune croule sous les injonctions contradictoires. On le presse de dire ceci, de répondre cela. Mais il a déjà décidé de sa ligne : offensive. À l'antenne, il endosse crânement cette décision complètement improvisée : « Il était prévu que le drapeau soit retiré dans la journée de dimanche. » Et il se dit même « très fier » que celui-ci ait flotté quelques jours.

Finalement, les lieutenants macronistes estiment s'en tirer plus que bien. D'une polémique imprévue, ils ont fait une bataille autour de l'Union européenne, un objet politique cher au président. Le clivage entre proeuropéens et eurosceptiques est ravivé, remettant en selle le duel avec Marine Le Pen. La victime de l'opération est Valérie Pécresse, tombée dans un piège, à vouloir courser le RN. L'affaire jette une lumière crue sur les sempiternelles divisions de la droite sur le sujet européen. Seule une partie des lieutenants de la candidate LR l'a soutenue.

Mais c'est surtout l'histoire d'une fragilité. Un fait de campagne peut être involontairement provoqué par un grain de sable. Par le facteur humain ou technique. Ou quand des détails prennent une importance surdimensionnée. Leçon d'humilité.

La perdante de *The Voice*

Quand il n'est pas en déplacement, le week-end, Emmanuel Macron profite toujours du calme de la Lanterne. La demeure, cachée dans les forêts de Versailles, tient son nom de sa luminosité intense, grâce aux trente-six portes-fenêtres qui laissent entrer le soleil. Un ancien pavillon de chasse construit juste avant la Révolution, devenu résidence secondaire du Premier ministre, avant d'être récupérée par Nicolas Sarkozy pour les présidents. « Avec la perte de la Lanterne, tu as perdu le meilleur du job ! » avait lancé Jean-Pierre Raffarin à François Fillon, malheureux Premier ministre privé de cette merveille interdite aux regards. Un domaine doté d'une piscine et d'un tennis, grâce aux bons soins de l'un de ses prédécesseurs, Michel Rocard.

Progressivement, la Lanterne est devenue une véritable animalerie. Le couple présidentiel s'y rend toujours avec Némo, le croisé labrador retriever-griffon qu'ils ont adopté. Sur place, Némo retrouve un agneau qui a été élevé avec lui, et qui se prend pour un chien. Le mouton aboie et court comme Némo, ce qui amuse beaucoup les hôtes des lieux. Il y a aussi des poules, et deux chèvres indisciplinées, qui grimpent sur le capot des voitures.

Comme Sarkozy ou Hollande avant lui, Macron a ses habitudes dans cet éden, loin du protocole du palais. Et c'est d'ici que, depuis des mois, il a observé ses concurrents s'agiter, tandis que lui se tenait loin de l'arène.

Le 13 février, alors qu'il peaufinait sa déclaration de candidature, il a eu conscience d'assister à un tournant. Vers 15 heures ce dimanche-là, la télévision est allumée. Le président observe la mise en scène, grandiose. Les trois pans du drapeau tricolore, suspendus, descendent pour recouvrir la scène. Le bleu, le blanc, le rouge et, entre les couleurs, des spots qui brillent comme des comètes. Au Zénith, la salle mythique du parc de la Villette, Valérie Pécresse tient son premier grand meeting de campagne. Sept mille militants agitent le fanion national, au pied d'une candidate déjà en mauvaise posture... qui s'apprête à plonger. Dès ses premiers mots, sa voix mal placée, sa scansion à contretemps, sa gestuelle voulue gaullienne, ses poses affectées, tout sonne faux.

Emmanuel Macron n'en perd pas une miette, au début. Il ne s'éternise pas, prenant rapidement la mesure du naufrage, et de l'aubaine. Son humeur guillerette lui inspire une petite vanne. Il pianote un SMS sur l'un de ses trois iPhone : « *C'est comme* The Voice, *quand tu démarres mal, c'est pas rattrapable* », envoie-t-il à l'un de ses conseillers, les yeux rivés sur son écran lui aussi. Le crypto-candidat n'est jamais avare d'une blague, mais il est surtout un grand fan du télé-crochet de TF1, qu'il regarde régulièrement. Une émission « de bienveillance et de mérite », aurait-il un jour vanté selon le *JDD*[1]. L'une de ses références favorites, avec Audiard.

Le président décroche ensuite son téléphone. À l'autre bout du fil, un autre conseiller, Thierry Solère. L'un des hémisphères droits du président. « Pas de réaction, même en *off* », lui intime le chef de l'État. Solère est chargé de faire le tour des portes pour transmettre la consigne aux troupes. Il commence par Christophe Castaner, le chef du groupe LREM à l'Assemblée. « Rien, on ne tape pas », lui dit-il. Parce que pour notre stratège de président, après ce naufrage, la seule chose qui reste à Pécresse, c'est la victimisation.

À ce moment-là, la menace que représentait la candidate semble écartée. La Macronie vient de lui porter ce qui ressemble au coup de grâce, en enrôlant Éric Woerth et Natacha Bouchart. Les départs de l'ancien ministre du Budget de Sarkozy et de la maire de Calais sont le symbole d'une campagne à bout de souffle.

Mais quelques semaines plus tôt, Pécresse a quand même donné quelques sueurs froides au camp du président. Juste après le congrès LR. Très vite, elle bondit de six points dans les sondages. Certes, certains invoquent le cas Benoît Hamon en 2017 : vainqueur de la primaire de la gauche, il avait atteint les 17 % d'intention de vote une semaine plus tard. Pour terminer à 6 % le soir du premier tour.

À l'inverse, beaucoup glosent sur le potentiel dangereux de la candidate LR : elle est crédible, elle est Macron-compatible, elle est de droite, et surtout c'est une femme. La féminité serait la modernité de 2022. Surtout, un homme serait mal à l'aise face à elle, incapable de contre-attaquer, au risque d'être taxé de machisme ou de sexisme. Au début, les snipers de la majorité ne savent pas trop comment la contrer. Ils se font des nœuds au cerveau. Ils n'ont pas de prise.

La présidente d'Île-de-France, cela fait des mois que Macron l'observe, qu'il sonde son entourage à son propos. Au cœur du mois d'août, quand il profite de la torpeur estivale pour préparer le terrain de sa candidature, l'un de ses plus anciens collaborateurs à l'Élysée lui livre son analyse par texto : *« Pécresse a récupéré tous les hommes clés de Fillon, Stefanini (ex-directeur de campagne), Mitrofanoff (ancienne plume). Elle peut devenir la Ségolène de droite en 2022, une candidate en adéquation avec la dimension catho réac, pouvant écraser tout le monde, y compris Bertrand. Mais incapable d'être élue, car assise sur une base sociologique étroite (le dernier carré), manquant d'incarnation, réactionnaire et perchée. »* Depuis le fort de Brégançon, le chef de l'État approuve : *« Je partage cette intuition »*, écrit-il à ce conseiller.

Tout de même, certains se disent que si Macron l'avait débauchée, il n'aurait jamais eu à s'y frotter. Le président a-t-il essayé ? De son bureau élyséen, un proche du président l'assure, Emmanuel Macron n'a jamais eu l'intention de travailler avec Valérie Pécresse. Car il l'a vue être quinze ans durant être le bras droit de François Fillon, avant de le lâcher brutalement au dernier moment. En novembre 2016, à la veille du deuxième débat entre les candidats de la droite, à vingt jours du premier tour de la primaire, Pécresse plante Fillon pour Juppé, parce que ses sondages sont meilleurs. Est-ce parce qu'il a trahi lui-même ? Emmanuel Macron ne voudrait pas s'allier le visage de la trahison.

Valérie Pécresse, elle, n'a pas digéré que Macron nomme Édouard Philippe Premier ministre. Un autre conseiller d'État, comme elle. Quelqu'un du même âge. Et un homme, alors qu'elle est une femme. Alors qu'elle a été ministre, et qu'elle est à la tête de la plus riche région de France. D'autant plus que Macron ne s'est pas contenté de ne pas la nommer, il l'a humiliée. Le président s'est livré à l'un de ses petits jeux dont il a le secret. Et Valérie Pécresse est tombée dans le piège.

Le guet-apens se passe en février 2020, au début de la crise sanitaire. Emmanuel Macron ne se doute pas encore que dans quelques semaines, il annoncera le confinement généralisé du pays. Édouard Philippe, lui, ne s'est pas encore illustré dans des conférences de presse ultra-pédagogiques battant des records d'audience. Mais cela fait longtemps qu'il agace le président. Macron cherche donc déjà son successeur. En coulisses, il confie à une poignée de proches le soin de trouver le profil idoine pour le remplacer à Matignon. Évidemment, la manœuvre doit rester secrète. Seuls les deux ou trois émissaires sont mis dans la confidence. Et envoyés, chevau-légers, sonder notamment Valérie Pécresse. « Matignon, ça vous tente ? »

Plus tard, l'ancienne ministre racontera avoir refusé sèchement. La Macronie rapporte au contraire qu'elle n'a pas caché sa déception quand elle a réalisé que cela n'aurait pas lieu.

Emmanuel Macron joue. Il ne comptait pas en faire son Premier ministre.

Depuis un certain temps, le président a bien en tête le profil qu'il veut à Matignon. À certains égards, Philippe apparaissait comme son double. Il lui faut son opposé. Un élu rural et enraciné, homme de dialogue et de « territoires », comme on dit, qui ne puisse pas lui faire de l'ombre ni contrecarrer ses ambitions.

Emmanuel Macron fait mine de confier à certains de ses conseillers la mission de trouver la personnalité appropriée. La vérité est qu'il a déjà repéré cet énarque à l'air bonhomme et à l'accent du Sud, réputé consensuel et efficace, chargé de préparer les Jeux olympiques de Paris en 2024. Il avait déjà testé le nom de Jean Castex quand il cherchait désespérément un ministre de l'Intérieur, après le départ de Gérard Collomb. Cette fois, c'est la bonne. Les retours de son entourage ne lui serviront qu'à conforter son intuition. Le nouveau Premier ministre sera bien une nouvelle prise de guerre à la droite, mais pas l'un de ces ambitieux qui rêvent de le remplacer un jour.

Notes

1. « Emmanuel Macron est un grand fan de "The Voice" », *Le Journal du dimanche*, 3 juin 2018.

Tour de chauffe

Emmanuel Macron observe l'écran de télévision, dans sa loge du studio de la Plaine Saint-Denis. Il écoute, observe l'agencement du plateau, tout en se concentrant sur l'argumentaire qu'il va dérouler. Les candidats se succèdent et s'expliquent un par un, puisqu'il n'a pas voulu débattre avec eux.

Avec cette émission à laquelle huit prétendants ont été conviés, ce 14 mars, TF1 lance la campagne médiatique. Le président est venu accompagné de son épouse et d'une poignée de membres de stratèges : les conseillers Clément Léonarduzzi et Jonathan Guémas, ainsi que les ministres Sébastien Lecornu et Julien Denormandie. Ces derniers ont fait voiture commune pour venir. Le QG a envoyé un van les embarquer à leurs ministères, voisins l'un de l'autre. Pas question d'y aller en voiture de fonction toutes sirènes hurlantes : les déplacements de campagne ne peuvent se faire avec les moyens du gouvernement.

Dans la petite pièce, bouteille d'eau à la main, la bande commente les prestations. Ils parlent tout bas, car les loges sont mitoyennes, et mal isolées. On entend tout, et l'espace réservé à Macron est juste à côté de celui de Le Pen...

Pécresse ? Un naufrage. Le passage de la candidate, debout et piétinant sur place de manière inconfortable, achève de convaincre le président : il choisira de s'asseoir sur le tabouret. Zemmour ? Il a l'air hébété. La plupart sont unanimes : Jean-Luc Mélenchon et Marine Le Pen ont signé les meilleures performances. Force tranquille dans sa veste rose poudré, la candidate du RN, au ton à la fois assuré et rassurant, a été particulièrement efficace. Ce qui ne l'empêche pas de manquer de tomber deux fois avec ses talons, a noté un macroniste.

Le jeudi précédent, TF1 a rassemblé les représentants des candidats pour discuter des modalités de l'émission. L'équipe Macron a envoyé le coordinateur Grégoire Potton et la communicante Domitille Fafin, qui se sont montrés spécialement tatillons. Sur un point en particulier : le président ne devait croiser aucun autre candidat dans les coulisses. La chaîne a donc dû imaginer un plan complexe pour répartir les loges.

Finalement, ce soir-là, Emmanuel Macron croise tout de même Marine Le Pen en allant sur le plateau, escorté de Léonarduzzi. Le salut républicain est bref, sans animosité. L'heure n'est pas encore au règlement de comptes. Mais dans l'entourage présidentiel, on prépare bel et bien le match retour. Depuis longtemps, la paire Léonarduzzi-Guémas parie sur la même finale qu'en 2017. « La surprise, c'est qu'il n'y aura pas de surprise », répète la plume du président.

La performance de Marine Le Pen n'étonne personne. En Macronie, tous savent qu'il sera autrement plus difficile qu'en 2017 de battre cette candidate à l'image ripolinée. Cette femme devenue aimable, terriblement humaine avec ses blessures, ses faiblesses et ses chats, que certains à l'Élysée surnomment « la Paul Léautaud des fachos », référence à l'écrivain qui recueillait les animaux abandonnés dans son pavillon de Fontenay-aux-Roses.

Tous ont déjà la tête au second tour. Emmanuel Macron lui-même donne l'impression de vouloir enjamber ce début de campagne. Tant pis si, jusque dans son entourage, on s'est un peu ennuyé ce soir devant sa prestation sur TF1, lisse et consensuelle. Pour l'instant, il se tient au-dessus de la mêlée et fait presque mine d'ignorer l'existence de ses concurrents. Ne pas se croiser, ne pas se parler.

Cambriolages

Sur la grande scène de l'émission de TF1, Emmanuel Macron a surjoué la bienveillance et le consensus. Certains propos, dans sa conclusion, ont même intrigué les plus attentifs. « J'ai entendu chez celles et ceux qui se présentent à l'élection des avis différents des miens, avec lesquels on peut travailler, a-t-il affirmé. Nous devons savoir aussi nous entendre autour de l'essentiel. »

Un appel du pied ? Une volonté de débauchages ? Ce président champion du clin d'œil adore la triangulation. Embarrasser les uns en s'invitant sur leurs plates-bandes. Faire croire aux autres qu'il n'est pas si éloigné d'eux. La méthode permet de fracturer insidieusement les camps adverses. Il veut en faire un marqueur de sa réélection, mais c'est déjà, depuis longtemps, une constante de son quinquennat.

Sa déclaration fait ainsi écho à un épisode lointain, mais jamais dévoilé. À l'automne 2018, Emmanuel Macron cherche fébrilement un ministre de l'Intérieur. Le poste est vacant : Gérard Collomb est reparti à Lyon sans crier gare.

Un soir, l'écrivain François Sureau, qui correspond avec le président et affectionne les intrigues parisiennes, pousse la lourde porte d'une pièce du Sénat. Il a rendez-vous avec le patron des sénateurs LR, Bruno Retailleau, figure policée et cultivée de la droite libérale-conservatrice.

Sureau montre à son interlocuteur un échange de textos avec Macron, dans lequel il suggérait au président de sonder Retailleau pour la place Beauvau. « *Teste-le et dis-moi* », a répondu le chef de l'État.

L'écrivain insiste pour que le sénateur engage au moins la discussion, mais Retailleau dit niet. Le Vendéen n'a pas de haine personnelle à l'encontre du président, mais il a toujours tenu le macronisme pour un funeste mirage. Et il a trop subi ces pièges tendus par Macron à son camp pour y tomber à son tour. Il ne jouera pas à ce jeu dangereux.

*

Les tentatives d'effraction comme celle-ci, le président les a multipliées. Sans cesse, il a voulu cambrioler les maisons voisines. En maintenant toujours l'ambiguïté sur sa sincérité : cherche-t-il vraiment des alliés ou veut-il simplement semer la zizanie ? Ses manœuvres sont politiquement et humainement machiavéliques. À la limite de la perfidie.

Sa cible est d'abord la droite. Par stratégie électorale, puisqu'il la considère comme un incontournable réservoir de voix. D'où le fait qu'en cours de mandat, il se soit approprié les questions régaliennes, lui qui avait peu d'expérience en la matière, et qui ne jurait que par une approche socio-économique des problèmes. L'immigration, l'insécurité, l'islamisme résonnent désormais dans un coin de son cerveau. Il redoute que les Français lui fassent payer leurs angoisses existentielles.

Pendant longtemps, Emmanuel Macron a pris au sérieux Xavier Bertrand. La plupart de ses conseillers voyaient le président des Hauts-de-France s'imposer à droite et affronter le sortant pour l'Élysée. Était-ce pour le contrer d'emblée ? Très tôt, Macron a pensé à Bertrand pour être Premier ministre. À deux reprises.

La première, c'était juste après son élection, en mai 2017. Le vendredi suivant le premier tour, Alexis Kohler a un contact avec Xavier Bertrand. Qui a appelé en premier ? Les versions divergent, mais l'échange a bien eu lieu.

La seconde, c'était en pleine crise des gilets jaunes. Début décembre 2018, Xavier Bertrand marque les esprits en mettant sur la table l'idée d'une prime de 1 000 euros pour tous les salariés. La mesure est reprise par un Macron désemparé face aux violences. Quelques jours plus tard, le président envoie des émissaires auprès du président des Hauts-de-France. Est-il intéressé par Matignon ? Là encore, l'homme de Saint-Quentin assure avoir fermé la porte catégoriquement. Le rapprochement n'aura donc pas lieu. Depuis, les deux hommes ont montré à quel point ils se détestaient. Macron ira jusqu'à défier Bertrand presque physiquement, dans des corps-à-corps électriques dans sa région.

Avant la campagne, les efforts du président n'y font rien : LR tient, du moins en façade, et parvient même à organiser un congrès pour désigner son champion à l'automne 2021. Ce sera Valérie Pécresse, autre cible d'une tentative de guet-apens, on l'a vu. Mais Emmanuel Macron a eu plus de succès auprès d'élus de droite qui trouvent le temps long dans l'opposition, et ne voient plus tellement ce qui les différencie de ce président.

14 septembre 2021, à la villa Masséna de Nice. Un emblème de la Belle Époque, avec ses imposantes colonnades et son jardin verdoyant, au bord de la promenade des Anglais. Un décor magnifique, dans la douceur de la fin d'été.

Au rez-de-chaussée, dans une pièce sur la droite de l'entrée, Emmanuel Macron dîne avec le maire de la ville, Christian Estrosi. Le président a eu une journée chargée, du nord au sud. Il était à Roubaix à midi, son avion l'a ensuite emmené sur la Côte d'Azur. Officiellement, il vient pour des Assises de la mer. Mais ce soir, dans ce cadre agréable et feutré, l'objectif de sa présence est beaucoup plus politicien.

Emmanuel Macron a emmené avec lui Thierry Solère. Le député, ancien de LR, sert d'entremetteur au président. Depuis plusieurs mois, il s'emploie à lui arrimer les barons de la droite du Sud. Après avoir abouti à un laborieux accord avec Renaud Muselier aux élections régionales de juin, il s'attache maintenant à conclure l'opération Estrosi.

Le président voulait dîner à trois, mais Thierry Solère a insisté : ce doit être un grand moment pour Estrosi, il lui faut un tête-à-tête. Lui dîne dans une pièce voisine avec le préfet. Même si, dès la fin de l'entrée, Macron envoie son aide de camp pour inviter Solère à les rejoindre.

Estrosi avait besoin d'attention. Il se fait même un peu trop prier... Début septembre, il a posé ses conditions à un ralliement, entre les lignes d'un entretien au *Figaro*. Solère s'est impatienté au téléphone : « Christian, il faut sortir maintenant... » Le dîner parachève le processus. Début octobre, sur BFM TV, Estrosi apportera son soutien à la réélection d'Emmanuel Macron.

Thierry Solère aime se poser en incontournable agent recruteur du président auprès de la droite. Le député joue impeccablement le rôle d'un Tullius Détritus chargé de semer la zizanie dans son ancienne famille politique. Nicolas Sarkozy, qui n'aime pas Solère, a aussi fait miroiter à Macron l'utilité de son influence. Mais en réalité, le chef de l'État n'a pas toujours besoin d'intermédiaire. Il se passe ainsi de leurs services pour débaucher un ex-lieutenant sarkozyste de choc, Éric Woerth, qui occupe le poste prestigieux de président de la commission des finances à l'Assemblée nationale. Ce soutien, Macron l'a décroché patiemment, minutieusement. Comme on arrose une plante avant d'en cueillir la fleur au moment idoine.

En mars 2020, le président vient de décréter le premier confinement, quand Éric Woerth donne une interview aux *Echos*. Il salue les mesures prises pour sauver l'économie et donne quelques pistes pour les améliorer, sans aucune agressivité. Peu après, il reçoit un coup de fil très cordial d'Alexis Kohler, qui prête la plus grande attention à ses conseils. Le secrétaire général de l'Élysée semble vouloir en discuter plus avant : « Voyons-nous... »

Woerth rencontre Kohler pendant le confinement, puis continue à le voir tous les deux à trois mois. Le fer est chaud, reste à le battre. Le député est ensuite reçu par Emmanuel Macron à plusieurs reprises. Jusqu'à cet ultime rendez-vous qui scelle le pacte, en janvier 2022. Woerth va publiquement soutenir le président, avant que celui-ci se lance officiellement en campagne.

L'opération montre à quel point, en dépit des nombreuses offres de services, le duo de l'Élysée agit souvent sans déléguer. Et Éric Woerth ne préviendra Nicolas

Sarkozy que le jour de la publication de l'interview au *Parisien* dans laquelle il apporte son soutien à Macron. « Tu restes mon ami », lui lance l'ex, qui n'a pas du tout cherché à le dissuader. La conversation est plus orageuse avec Christian Jacob, le patron de LR, fou furieux de cette défection. Quant à Valérie Pécresse, elle ne prend même pas Éric Woerth au téléphone. Il faut dire que depuis quinze jours, c'est la candidate qui cherchait frénétiquement à le joindre, sentant le mauvais coup se tramer. Woerth lui envoie finalement un texto : il comprend qu'elle ne réponde pas.

Il arrive qu'Emmanuel Macron se brûle en jouant avec le feu de la triangulation. Sa visite au Puy du Fou à l'été 2016, alors qu'il était encore ministre de l'Économie, a marqué le début d'un petit manège avec Philippe de Villiers. Ce soir-là, en recevant le couple Macron à dîner, le Vendéen s'enquiert : « Mais au fond, qu'est-ce que vous faites ici ? » Le jeune ministre se tourne vers Brigitte, « sa souffleuse » selon Villiers, et répond cette phrase léchée : « Je suis venu chercher l'écho des dernières tendresses françaises. » Philippe de Villiers et son fils Nicolas, le directeur du Puy du Fou, en restent pantois. Cet homme qui parle si bien leur langue, celle de la France éternelle, est-il sincère ? N'en fait-il pas trop ? Cinq ans plus tard, l'amitié intéressée a mué en guerre froide. « Quel faussaire ! » maugrée aujourd'hui Villiers, qui s'est engagé derrière Éric Zemmour.

*

Du côté gauche de l'échiquier politique, les numéros de charme donnent des résultats encore plus mitigés. Emmanuel Macron convoite particulièrement la jeune génération de maires socialistes, seules lumières d'un PS devenu un astre mort. Il a proposé des ministères à Johanna Rolland, la maire de Nantes, ou Mathieu Klein, l'édile de Nancy. Il entretient des relations cordiales avec le Montpelliérain Michaël Delafosse et le Marseillais Benoît Payan. De son côté, à l'Assemblée, Richard Ferrand noue des contacts avec la présidente du groupe socialiste, Valérie Rabault, dont les macronistes saluent volontiers la compétence et le talent. Les filets sont grand ouverts, mais les poissons se détournent. Cette génération montante estime que le macronisme n'a rien à voir avec la gauche, la vraie. Elle préfère attendre son tour.

Que ce soient les élus ou les électeurs, Macron a plus de chance auprès des seniors. Il finit par enregistrer les ralliements de Claude Bartolone et François Rebsamen. Mais surtout, il met un soin tout spécial à arracher le soutien de Jean-Pierre Chevènement. C'est, là encore, un travail au corps pour lequel le président redouble de zèle, sur le fond comme sur les formes.

Depuis le début de son quinquennat, le président invite Chevènement à déjeuner à l'Élysée au moins une fois par an. Il l'a maintenu dans ses fonctions de représentant spécial de la France en Russie et le consulte régulièrement, notamment pendant la crise du Covid, période où il joue une douce musique à son oreille en parlant de souveraineté. Cette fois, le contact ne passe pas par la messagerie Telegram ! Macron correspond avec son aîné à l'ancienne : ils s'envoient des mots manuscrits et se passent de longs coups de fil. Au passage, le président ne manque pas une occasion de rappeler son (bref) engagement de jeunesse chevènementiste, lui qui dit avoir voté pour le « Che » à la présidentielle de 2002.

Mais le moment décisif intervient *in extremis*, quelques semaines seulement avant sa déclaration de candidature. Début février, Emmanuel Macron emmène Jean-Pierre Chevènement dans l'avion présidentiel, direction Belfort, la ville dont ce dernier fut maire pendant vingt ans. Le chef de l'État se rend dans une usine, un ancien site d'Alstom, où il doit acter le retour dans le giron tricolore des turbines Arabelle, qui équipent les centrales nucléaires françaises. Une manière de réparer un péché originel : en 2014, alors ministre de l'Économie, Macron avait donné sa bénédiction à la cession de la branche énergie d'Alstom au groupe américain General Electric, froissant les défenseurs de la souveraineté industrielle.

Alors, cette séquence rédemption, le président y tient particulièrement. Son ministre de l'Économie, Bruno Le Maire, s'en souviendra : un an et demi de négociations, dix-sept entretiens avec le patron de General Electric, deux voyages à New York. Le *deal* a été finalisé le 10 février à 7 heures du matin, quelques heures seulement avant que le président atterrisse à Belfort.

Emmanuel Macron cherche à effacer l'historique. Et à s'attirer définitivement les bonnes grâces de Jean-Pierre Chevènement. La plume du président, Jonathan Guémas, a envoyé le discours en avant-première à l'ancien ministre, qui n'y a rien trouvé à redire. Devant le parterre d'ingénieurs, Emmanuel Macron fait applaudir l'invité d'honneur, qui reste impassible au premier rang.

Mais Chevènement renverra l'ascenseur quinze jours plus tard, en officialisant dans *Le Journal du dimanche* son « soutien républicain » au président sortant. Opération réussie.

Emmanuel Macron n'aime rien tant que séduire, convaincre qu'il a raison, et engranger son gain. En vieux routier de la politique, son ami sénateur François Patriat a remarqué l'un de ses tics : « Regardez bien Emmanuel quand il serre la main, il fait la lippe. Pas une lippe dédaigneuse, mais une lippe de satisfaction. Ça veut dire "ça y est, je l'ai chopé" ! »

Boys club

Sur le papier, les gouvernements nommés par Emmanuel Macron ont toujours été paritaires. Mais à l'Élysée, plusieurs cénacles ont bien plus d'influence sur la marche du pays que le très formel Conseil des ministres. Et une présence féminine à l'un de ces dîners politiques que le président convoque régulièrement est un véritable évènement.

Comme ce 29 septembre 2021, la dernière rentrée avant la présidentielle, quand plus d'une vingtaine de barons se pressent autour de Macron. Barbara Pompili, la ministre de la Transition écologique, conviée parce qu'elle anime un petit club de gauche baptisé « En commun », est bien seule au milieu de ces messieurs. Pour un peu, on penserait à Marie-France Garaud, détonnant au milieu des costumes-cravates et des volutes de cigarette du cabinet Pompidou, dans les années 1970. À ceci près que Marie-France Garaud avait de l'influence.

Le week-end suivant, LREM tient sa rentrée politique à Avignon. Un vent de panique parcourt les dirigeants, souvent prompts à donner des leçons d'inclusivité, quand ils constatent que tous les chapeaux à plumes appelés à discourir lors de la plénière de clôture sont des hommes. Vite, il faut rééquilibrer le programme... Les ministres

Amélie de Montchalin et Brigitte Bourguignon, ainsi que la secrétaire d'État Sarah El Haïry serviront de cautions.

Mais il faut faire fi des mises en scène. La réalité, c'est qu'on ne croise que des hommes dans les cercles les plus proches d'Emmanuel Macron. Et sa campagne ne déroge pas à la règle : c'est une affaire de mecs.

La presse a maintes fois glosé sur ce président autoproclamé progressiste, qui décrète l'égalité femmes-hommes grande cause de son quinquennat, mais ne s'entoure que de mâles. À cela, les macronistes rétorquent invariablement qu'il n'y a jamais eu autant de femmes élues à l'Assemblée nationale qu'en 2017, quand la nouvelle génération de marcheurs et marcheuses a déferlé sur le Palais-Bourbon. Avec 39 % de députées, le record était battu.

Certes. Mais, comme dans le monde de l'entreprise, plus on monte dans la hiérarchie, moins on croise de femmes. Le commando de campagne n'est composé que d'hommes. Le haut de l'état-major de l'Élysée n'est composé que d'hommes. Les grognards de la majorité – Richard Ferrand et Christophe Castaner à l'Assemblée, François Patriat au Sénat, l'allié François Bayrou au MoDem – ne sont que des hommes.

Dans le clan historique, la seule « femme puissante » était Sibeth Ndiaye, cerbère intraitable de la com élyséenne au début du quinquennat. Après son départ du porte-parolat du gouvernement, où elle a commis des maladresses et encaissé nombre de coups, elle a pris ses distances en rejoignant le groupe Adecco. « Sibeth », comme tout le monde l'appelle en Macronie, s'investit encore à LREM. Pendant la campagne, elle participe chaque vendredi à une réunion en petit comité animée par

Stanislas Guerini. Mais elle n'est plus du tout au cœur du réacteur. Le nouveau maître de la com s'appelle Clément Léonarduzzi, et il ne partage pas tellement le pouvoir.

À l'Élysée, certains conseillers se baptisent eux-mêmes « le boys club ». L'ambiance s'en ressent parfois. Il est arrivé à Alice Rufo, la conseillère diplomatique, de lever les yeux au ciel quand des réunions dérivaient en concours de citations des *Tontons flingueurs*. Emmanuel Macron a beau être né en 1977, il baigne dans un imaginaire des années 1960-1970. Ses références sont Audiard et Belmondo, Sardou et Johnny. Son univers est celui d'une France où le mâle alpha, loin d'être « déconstruit », triomphe dans la culture populaire.

Anne de Bayser, adjointe d'Alexis Kohler jusqu'en 2020, a elle aussi déjà entendu des plaisanteries de corps de garde sous les lambris du palais, sans être choquée outre mesure. Elle est quinquagénaire, et le féminisme de sa génération n'est pas celui de l'époque MeToo. En revanche, elle ne s'est jamais vraiment expliqué pourquoi Emmanuel Macron s'entourait très peu de femmes. Mais elle préfère plaisanter en se souvenant qu'avant elle, à Bercy, l'intéressé a travaillé avec une conseillère nommée Anne Rubinstein, une autre nommée Anne Descamps. Elle rit : « Il y a peut-être un truc avec les Anne ! »

D'autres évoquent, à voix plus basse, une influence de Brigitte. La première dame a déjà fait passer des entretiens incisifs à de potentielles recrues, et aurait mis son veto à une femme, une fois, raconte une connaissance du couple. Mais elle a aussi été victime de ces « mormons » qu'elle ne portait pas dans son cœur, eux qui voulaient un peu trop accaparer le président tout en la laissant en retrait. Les rares technos qui sont restés le paient encore. Finalement, ce sont les mormons qui sont partis, et Brigitte qui est restée. L'arrivée de Clément Léonarduzzi à l'Élysée a fluidifié les relations entre l'aile Madame et le cabinet du président. Brigitte est la seule femme essentielle et incontournable : gare à ceux qui ne l'auraient pas compris.

Y aurait-il un « truc » avec les hommes ? Non, Emmanuel Macron n'est pas homosexuel. La rumeur a couru dans le Tout-Paris, puis au-delà, à l'aube de la campagne de 2017. Le banquier d'affaires Philippe Villin, un soutien de Nicolas Sarkozy puis de Xavier Bertrand, était l'un de ceux qui la répandaient activement, a raconté *Le Monde*. Macron a lui-même publiquement démenti une prétendue liaison avec Mathieu Gallet, alors PDG de Radio France, puis avec Alexandre Benalla. S'il a tardé à se séparer du jeune homme à tout faire, auteur de violences filmées contre des manifestants, c'est parce qu'il déteste lâcher, sous la pression médiatique, ceux qu'il a lui-même désignés. La preuve par son soutien obstiné aux ministres mis en examen.

Les proches d'Emmanuel et Brigitte Macron décrivent à l'unisson un couple fusionnel. Mais l'un des rares à en parler sans pudeur décrit aussi le président comme « non sexuel ». Il raconte son attitude quand, un jour qu'ils prenaient un verre à plusieurs, une jolie femme est entrée. Là où les hommes présents n'ont pas pu s'empêcher de jeter un regard, lui n'a pas cillé.

Contrairement à nombre d'hommes politiques, Emmanuel Macron n'a pas un comportement de dragueur lourdingue ou d'amateur de sexe. Cela ne semble tout simplement pas l'intéresser. Il déploie en permanence ses impressionnantes capacités de séduction, en ciblant indifféremment les hommes et les femmes. Mais de manière entièrement tournée vers la quête du pouvoir. Et sa conservation.

La boîte noire

Chaque convive a un plat aux faux airs de matriochka. Un délicat bol en fonte, dans lequel tous les mets ont été superposés, façon mezze. Les proches d'Emmanuel Macron sont habitués aux crustacés de l'Élysée, mais, ce mercredi 16 mars, c'est dîner libanais. Ils sont une vingtaine réunis autour du président. Uniquement des hommes, pour changer.

Tous les clans sont représentés. Il y a là les Technos Kohler et Denormandie, les Scénaristes Léonarduzzi et Guémas, les Grognards Ferrand, Castaner et Patriat, tout comme le conseiller informel Philippe Grangeon. Pour une fois, Jean Castex a été convié, ainsi que plusieurs ministres, dont Bruno Le Maire, Olivier Dussopt ou Gabriel Attal. Comme souvent, Brigitte passe prendre l'apéro, avant de s'éclipser.

Nous voilà au cœur d'une veillée d'armes. Le lendemain, le candidat doit présenter son programme au cours d'une conférence de presse à Aubervilliers, en banlieue parisienne. Pour les invités, c'est l'avant-première. Méthodiquement, le président leur détaille ses propositions. Ceux qui espéraient du « disruptif » ou du dépassement en sont pour leurs frais. C'est certain, le programme est dense, mais il est surtout technique et penche clairement à droite. Une droite classique – certaines idées sont copiées du programme de Pécresse –, saupoudrée de quelques mesures sociales.

La soirée s'étire, on discute toujours à 23 heures passées. C'est surtout pour la forme, car, en réalité, il n'y a pas grand-chose à discuter, et si amertume il y a, elle est vite ravalée. Cela n'étonnera pas ceux qui connaissent le fonctionnement du président : le Premier ministre, les piliers du gouvernement et de la majorité découvrent le programme quelques heures avant le grand public... Comme s'ils n'étaient qu'une caisse d'enregistrement. Certains ont tout de même du mal à y croire, et cela donne lieu à quelques moments gênants, par exemple quand un ministre suggère de reformuler telle ou telle phrase dans le document de vingt-quatre pages qui a été remis aux convives. D'autres rient sous cape d'une telle naïveté : le programme a déjà été validé pour impression, pas question d'en changer une ligne. Derrière la politesse de façade, chacun compte les points.

Christophe Castaner se félicite. Une mesure pour laquelle il plaidait a été retenue : dans les entreprises qui distribuent des dividendes, le partage des profits avec les salariés sera obligatoire. Sébastien Lecornu et François Patriat, eux, font la moue sur la résurrection du conseiller territorial : « C'est la négation des régions. » Patriat, ancien président du conseil régional de Bourgogne, s'inquiète que cette fusion des conseillers départementaux et régionaux, imaginée par Sarkozy mais enterrée par Hollande, affaiblisse l'échelon régional. « Tu n'as pas tort », se contente de répondre Macron. Manière de dire que cela ne change rien.

Le programme est complet, gravé dans le marbre. On l'aura compris, le président n'a pas convoqué ce dîner pour demander l'avis des convives sur son projet – que Jean Castex trouve formidable. Il veut surtout parler de son intervention du lendemain devant la presse.

Julien Denormandie tique sur les titres des grandes parties de la vision de la France que Macron compte développer. Il recommande d'être plus concret : « Il ne faut pas parler de la France, mais des Françaises et des Français. » Bruno Le Maire appelle à ne pas oublier la dette publique. Gabriel Attal se fait politique : « Il faut assumer les mesures de droite, mais sans les présenter comme le font les LR. » Le porte-parole veut que l'on retienne que la retraite à 65 ans s'accompagne de la pension minimale à 1 100 euros, que l'activité en contrepartie du RSA est complétée par le versement automatique des aides. Bref, que l'on n'oublie pas ce que le programme a de gauche.

Sur le fond, le seul qui laisse percer une inquiétude, c'est Richard Ferrand : « Ce sont des mesures roboratives, mais on risque de ne pas retenir ce qui fait l'équilibre du programme... » L'avenir proche ne lui donnera pas tort.

Ces dîners sont en général un grand moment d'hypocrisie. Personne n'ose contredire le chef, non parce que c'est impossible, mais parce que ce n'est pas le moment. À la cour du roi, on n'expose pas ses griefs devant des semblables dont les couteaux n'attendent que d'être sortis. Mieux vaut être seul avec le président, du moins quand on a le courage de lui dire ce qu'on pense.

Pour ne rien arranger, l'ambiance est à la paranoïa. Les invités, peu importe leur titre, n'auront pas le droit d'emporter le document du programme : prière de le reposer avant de quitter l'Élysée ! Le bordeaux des verres en cristal réchauffe difficilement l'atmosphère.

À table, un homme reste silencieux. Alexis Kohler prend rarement la parole dans ces cénacles, lui qui a toute la journée l'oreille du président, son voisin de bureau. Le puissant secrétaire général de l'Élysée a-t-il conscience qu'une colère sourde monte contre lui ? Tout le monde comprend que c'est lui qui a imposé ses vues. Une fois de plus. Une fois de trop. Ce programme, c'est son œuvre, fruit d'une machinerie qu'il a mise en place il y a plusieurs mois, de manière opaque et resserrée.

Officiellement, bien sûr, tout le monde a été consulté. Sous la direction du secrétaire général, La République en marche a mis en place trente-cinq groupes de travail, et le parti a nommé des personnalités chargées de sonder la fameuse « société civile ». La machine à pondre des notes a tourné à plein régime... Même si les petites mains ne sont pas toutes dupes. Dans cette campagne pilotée en petit comité, quelques-uns ont des missions opérationnelles, beaucoup ont des missions occupationnelles. Le but du dispositif : que ceux qui toquent à la porte pour se faire une place se sentent membres de l'aventure. Ils comprendront que l'important, c'est de participer...

Les notes atterrissent à l'Élysée, sur le bureau d'Alexis Kohler. Quand il ne gère pas les urgences ou ne boucle pas les derniers dossiers du quinquennat, le « vice-président » lit et trie les propositions qui atterrissent dans ses messageries. Avec Emmanuel Macron, ils assemblent le programme, tel un puzzle.

Pour l'épauler, comme toujours, Kohler s'est reposé sur son club de Technos : Julien Denormandie, son ancien adjoint quand il dirigeait le cabinet de Macron au ministère de l'Économie, et surtout Ismaël Emelien, qui faisait lui aussi partie de l'équipe Bercy. Une énigme, cet Emelien. Quand on évoque son nom, nos sources baissent la voix, disent « joker » ou répondent dans le vague avant de changer de sujet. Le trentenaire, lui, refuse obstinément de parler à la presse.

L'homme, qui a finalisé le slogan « Avec vous », est parfois décrit comme un chimiste qui s'enfermerait dans un laboratoire avec des études d'opinion, les triturerait dans des tubes à essai, et en ressortirait avec une mesure forcément « disruptive ». Il serait obsédé par l'innovation, au risque de la déconnexion. Le *leasing* pour favoriser l'équipement en voitures électriques, c'est lui. Alexis Kohler, de son côté, passe les idées au tamis du classicisme technocratique et de la rigueur budgétaire. Au cours d'une réunion, un député associé au processus résume auprès du duo : « Il faut les idées d'Isma pour gagner, et les idées d'Alexis pour gouverner. »

Du début à la fin, tout s'est fait dans le plus grand secret. L'élaboration de ce programme a été une véritable boîte noire. Certes, la garde rapprochée partageait cette idée qu'il fallait des mesures précises et fortes pour donner de la légitimité au président réélu. Qu'Emmanuel Macron, très haut dans les sondages au déclenchement de la guerre, ne devait pas se contenter d'un effet drapeau. Il fallait contrer ce phénomène, et recentrer l'attention sur les marqueurs du programme. Mais la méthode génère des frustrations en cascade. Que les députés macronistes de base ne soient pas consultés, passe encore. Mais même des ténors de la Macronie sont tenus à l'écart des arbitrages les plus cruciaux, qu'ils ont parfois découverts dans la presse. Et dans des dîners plus restreints que la soirée mezze, la rage contre Kohler a commencé à éclater.

Les Grognards se rebiffent

Retour une semaine plus tôt. Emmanuel Macron vient de faire son premier déplacement de campagne à Poissy, dans les Yvelines, quatre jours après sa déclaration de candidature. Il y a dévoilé une poignée de mesures, mais pas l'ensemble de son programme. Quarante-huit heures après, la fin de l'après-midi du 9 mars, le journal *Les Echos* met en ligne cet article : « Exclusif : Emmanuel Macron envisage de repousser l'âge de la retraite à 65 ans ». Une petite bombe : dans la réforme avortée sous son quinquennat, la cible était 64 ans. Le signal est clair : le programme du président-candidat penchera vers la droite et la rigueur budgétaire.

Emmanuel Macron lui-même est furieux. L'indiscrétion, lâchée abruptement dans l'atmosphère, sans pédagogie, inquiète le QG de campagne. Au point de reporter un déplacement envisagé la nuit suivante. Le candidat devait aller dans une usine, au chevet de travailleurs noctambules, sur une idée suggérée par Gabriel Attal. Mais voilà cette séquence empathie percutée par une fuite non maîtrisée.

Certains membres de l'équipe se sont mis en tête d'identifier la taupe. C'est forcément un proche du président, car très peu étaient dans la boucle. Les infos des

Echos proviennent d'un document confidentiel de travail, pas à jour des tout derniers arbitrages, et notamment la retraite minimale à 1100 euros. Les regards suspicieux se tournent vers des technos soucieux des finances publiques - au premier chef Alexis Kohler - soupçonnés d'avoir voulu rééquilibrer le ton du début de campagne, après que Macron a annoncé plusieurs dépenses nouvelles à Poissy.

Un autre homme s'étrangle en découvrant l'article. François Bayrou, pourtant confident régulier du président, n'était absolument pas au courant de cet arbitrage. Le patron du MoDem voit tout de suite venir l'accident. Lui n'était pas pour un report sec de l'âge de départ, mais pour une refonte du système vers une retraite individualisée, éventuellement soumise à référendum, tant le sujet est clivant. Une idée qu'il porte depuis sa candidature à la présidentielle de 2002.

Un autre Grognard peste aussi, c'est Richard Ferrand. En 2017, lui et Bayrou se regardaient en chiens de faïence : ils s'étaient même violemment écharpés sur les investitures pour les législatives. Mais aujourd'hui, le duel est devenu duo. Du haut de leur expérience politique, les deux hommes aiment à se poser en vieux sages bien mieux connectés au pays que les technocrates parisiens. Ils ont des cibles communes : Édouard Philippe, Alexis Kohler et tous ces énarques qui, à leurs yeux, prennent la France pour une entreprise à manager à la baguette.

Cette semaine-là, Emmanuel Macron reçoit Bayrou et Ferrand à dîner pour entendre leurs griefs sur la réforme des retraites. Le maire de Pau plaide pour l'incitation, pas la punition. Le président entend, mais il n'écoute pas.

Les deux Grognards comprennent que la ligne Kohler l'a emporté, avec l'argument de la crédibilité... et de l'électoralisme. Tout à son objectif de siphonner la droite, Macron a considéré qu'il fallait pousser loin ce curseur, afin de ne pas être moins disant que Valérie Pécresse.

Le tandem politique a pu, en revanche, désamorcer une autre bombe sur un autre point crucial du programme : l'éducation. Là encore, François Bayrou a eu vent des mesures envisagées, par des fuites. Au cours de l'hiver, il s'alarme quand il entend la rumeur d'une suppression du Capes (le concours de recrutement des professeurs), la fin de la garantie de l'emploi des enseignants, ou encore la hausse des droits d'inscription à l'université. Des idées étudiées par Alexis Kohler et son équipe de technos, mais qu'évoque aussi en privé Bruno Le Maire, visiblement très intéressé par le chantier de l'Éducation nationale, pour laquelle il préconise un remède de cheval.

Les craintes de Bayrou se confirment en février lors d'un autre dîner élyséen, lorsqu'il entend l'équipe d'Alexis Kohler énumérer ses propositions, comme l'a raconté *L'Express*. Non seulement les Technos plaident pour une école de la performance, où les professeurs seraient rémunérés en fonction des résultats de leurs élèves, mais en plus, ils veulent introduire une orientation précoce des élèves, dès le collège. Au passage, il est même écrit noir sur blanc que les élèves devront se lever quand le professeur entre dans la classe, ce qui choque les plus progressistes de la majorité.

Le sang de Bayrou ne fait qu'un tour. Pour lui, ce sinistre projet signe la fin du collège unique, rien de moins. L'ancien ministre de l'Éducation nationale le vit comme un coup de poing en pleine figure. Et il sait que le corps enseignant, qui se sent déjà fort mal traité, ressentira exactement la même chose. Il se bat donc pied à pied contre ce programme pondu par des technos qui, à ses yeux, détestent tout ce qui ressemble à un prof. Il finira par avoir la peau des mesures les plus irritantes. Ce qui ne l'empêchera pas de répéter, hors de lui, à ses interlocuteurs : « Ils sont dingues ! »

Le flop

Un parfum d'inquiétude flotte sur l'Élysée. Quatre jours après la conférence de presse de présentation du projet, les communicants et les ténors de la Macronie se réunissent, comme chaque lundi, autour d'Alexis Kohler et de Clément Léonarduzzi. Le duo se félicite : d'après ses retours, le programme serait bien entré dans l'atmosphère, malgré une campagne que la guerre en Ukraine a fait passer au second plan.

« Vous vous trompez. » La voix de Richard Ferrand vient doucher leur optimisme. Le président de l'Assemblée revient de sa Bretagne, où il a fait campagne pendant deux jours avec Julien Denormandie. Les deux hommes ont constaté sur le terrain que, même dans cette région très macroniste, la réforme des retraites comme celle de l'école ne passent pas du tout.

Ferrand n'est pas le seul à être remonté. Dans la pièce, d'autres en ont assez de ces Technos qui ont confisqué la campagne, sous la houlette d'Alexis Kohler. Ils leur reprochent leur manque de sens politique, qui risque de transformer l'atterrissage du programme en crash.

La conférence de presse d'Emmanuel Macron a déçu. Le président-candidat a malmené son auditoire ce jour-là. Les grandes parties de son exposé s'accompagnaient de diapositives sur trois grands écrans, façon présentation des résultats annuels d'un grand groupe. L'énumération des concepts abstraits a noyé la déclinaison des mesures concrètes. Est-ce bien le même qui avait intimé à ses collaborateurs, dans les réunions préparatoires : « Je ne veux surtout pas d'un programme de techno, je veux raconter quelque chose » ? En *off*, un ministre de premier plan s'est désolé : « On dirait un Premier ministre qui prononce son discours de politique générale. »

Ce programme bancal peine à atterrir dans l'opinion. Les esprits sont ailleurs : la guerre fait rage en Ukraine, le prix des carburants a explosé, l'épidémie de Covid repart... Une semaine après la conférence de presse, le matin du 24 mars, Richard Ferrand - encore lui - et Stanislas Guerini se passent un coup de fil. Ils se désespèrent que l'obligation d'intéressement des salariés pour les entreprises qui versent des dividendes, vue comme une mesure décisive pour le pouvoir d'achat, ne perce pas plus « le mur du son ». D'autres proches d'Emmanuel Macron, pourtant inconditionnels du président, grimacent en petit comité. L'un épingle « un programme de gestion », l'autre regrette que le fameux « monde d'après », post-Covid, n'en soit pas un marqueur.

François Bayrou a encore fait part de son inquiétude. Pour lui, la réforme des retraites non expliquée et les déclarations sur l'école vont coûter très cher. Il juge qu'Emmanuel Macron s'engage dans une mauvaise campagne, car il l'a laissée aux mains des Technos. Il ne comprend pas pourquoi le président ne se libère pas de cette emprise pour donner libre cours à ses réflexes d'animal politique. Le patron du MoDem est irrité par mille détails, jusqu'à ce slogan scandé par ces têtes à claques des Jeunes avec

Macron : « Et un, et deux, et cinq ans de plus ! » L'électeur moyen risque de l'entendre comme une peine de prison… Pour contrebalancer un programme qu'il juge aride et punitif, Bayrou a insisté pour que l'affiche de campagne montre un Macron souriant et bienveillant. Au moins sauver les apparences, qui comptent beaucoup en politique.

Évidemment, le candidat a vent de toutes ces critiques. Face aux reproches, Emmanuel Macron prétend que des choses lui ont échappé, ou lui auraient été imposées. Souvent, quand ses vieux amis râlent, le président a tendance à se défausser : c'est pas moi, c'est l'autre. Alors que personne n'est dupe du fait qu'avec Kohler, c'est lui qui a tout décidé. Le candidat prendra soin de faire ses premiers déplacements dans les fiefs de ses Grognards : chez Bayrou à Pau, chez Patriat à Dijon, chez Ferrand dans le Finistère. Histoire de recoller les morceaux.

Emmanuel Macron tente aussi de se démultiplier pour vanter lui-même ses mesures. Quand il trouve le temps de passer au QG, c'est souvent pour se rendre au studio. Le candidat tourne une flopée de vidéos destinées à des catégories, pour ne pas dire des clientèles. Il y en a pour tout le monde ou presque : les ultramarins, les personnes handicapées, les mères seules, les agriculteurs, les expatriés… L'équipe macroniste a lu le sondeur Jérôme Fourquet. Elle sait que la France est plus que jamais un archipel où chacun se préoccupe d'abord de son île et, malheureusement, de son nombril.

Mais le candidat a peu de temps, alors qu'il est le seul émetteur véritablement efficace. C'est toujours le même problème : en Macronie, seul Macron existe.

L'absent du déjeuner

Les verres en cristal ont été déposés, par ordre décroissant, sur la table ronde. Au centre, majestueux, des bouquets de fleurs blanches. Les portes-fenêtres laissent entrevoir le jardin et son champ des possibles aux beaux jours. Une lumière froide caresse la pelouse incurvée. Au cœur de l'hiver, les convives doivent se contenter des lambris de l'un des petits salons du rez-de-chaussée de l'Élysée. C'est la secrétaire personnelle du président qui a envoyé les invitations par mail, la veille. C'est elle qui tient la maison, c'est la clé d'entrée du patron. Valérie Lelonge sait tout, est maîtresse de tout. Emmanuel Macron lui fait toute confiance. Ils n'ont pas besoin de beaucoup de mots pour se comprendre.

Petit retour en arrière. Ils sont peu nombreux à avoir la faveur de ce déjeuner, ce 14 décembre 2021. Ils ont conscience de leur statut particulier. Car Emmanuel Macron veut que les échanges restent confidentiels. Autour de la table, Richard Ferrand, Julien Denormandie, Ismaël Emelien, François Patriat et l'inamovible Alexis Kohler. Une poignée d'apôtres qui s'apprêtent à rompre le pain.

Le chef de l'État vient d'enregistrer une émission qui sera diffusée sur TF1 dans quelques heures. Une interview censée dresser le bilan du quinquennat et amorcer sa mise en orbite. Une émission dans laquelle le président, *mezza voce*, reconnaît avoir blessé des gens en cherchant à bousculer les choses. Et même si l'interview est plutôt bienveillante, c'en est déjà trop pour Alexis Kohler, le seul qui a vu l'échange. « Je n'aime pas trop la repentance », bougonne-t-il, d'emblée.

Mais ce n'est pas l'objet du déjeuner. Emmanuel Macron est préoccupé. À quatre mois de la présidentielle, les choses se corsent. Dans le ciel de sa réélection, le nuage du moment porte un nom : Valérie Pécresse. Créditée de 17 % d'intentions de vote dans plusieurs sondages, elle est donnée à quasi-égalité face au maître des lieux au second tour. Voire gagnante selon un sondage Elabe publié quelques jours plus tôt.

Entre les vins, le blanc et le rouge, le président expose sa stratégie à ses hôtes. Il se déclarera candidat le plus tard possible, vers la fin février, et il fera peu de meetings. Jupiter a donc besoin de ses fantassins. Il exhorte ses fidèles à battre le terrain, à se démultiplier pour faire campagne. À être tous présents dans cette période délicate. Et à être unis. Si le président insiste, c'est que ce n'est pas évident, et ça l'agace profondément. À ses yeux, une personne fait défaut, c'est Édouard Philippe.

Tandis que le repas avance, son ancien Premier ministre en prend pour son grade. « Il est bien gentil Édouard, mais dès que ça devient un peu grave, il se planque aux abris, il esquive », s'irrite le chef de l'État.

Pourtant, le nouveau parti lancé par Philippe en octobre, baptisé Horizons, était censé continuer à vider la droite de sa substance. Et apporter des élus sur un plateau d'argent au président. Mais avec Pécresse en position de force, les digues résistent. Beaucoup de maires hésitants font le choix de rester dans le giron LR.

À vrai dire, cela fait longtemps que le cavalier seul d'Édouard Philippe exaspère Emmanuel Macron. Le lancement de son parti hors de la « maison commune » que voulait bâtir la majorité, ses mails envoyés aux sympathisants dans lesquels le président n'est pas mentionné. La gratitude ne coule pas dans les veines de celui qui n'était qu'un parfait inconnu en 2017.

Ce que Macron redoute, c'est que le maire du Havre lui pourrisse la vie après la présidentielle. Qu'il l'empêche, comme il l'a empêché en freinant ses ardeurs depuis Matignon. Qu'il règne sur un groupe à l'Assemblée, un bataillon qui pourrait se transformer en frondeurs. L'une des hantises du président, qui a vécu cela de l'intérieur sous François Hollande.

Entre les deux hommes, il restera de ce quinquennat le sentiment d'un grand malentendu.

Certes, le mariage de raison a bien fonctionné... au début. Un drôle d'alliage entre la fraîcheur du macronisme et la rigueur du juppéisme. D'un côté l'homme du privé, du mouvement, de la souplesse et de l'amour des coups. De l'autre, le conseiller d'État, le gestionnaire, le fidèle, celui qui ne transige pas avec ses idées. D'un côté un président qui cite Audiard, amoureux anachronique de Gabin ou Bébel. De l'autre, l'homme à la fois amateur de livres d'hier et fan de séries d'aujourd'hui. Il n'y a jamais eu de complicité personnelle. Pas non plus d'affinité culturelle. Entre ces deux-là, l'ambiance n'est jamais très drôle.

À force, il faut être aveugle pour ne pas voir que le fossé se creuse jour après jour. Pour les proches, après le mouvement des gilets jaunes, c'est physiquement perceptible. Le langage corporel, les expressions, les tics : ils ne peuvent plus se supporter.

Ce qu'Emmanuel Macron ne tolère plus, c'est qu'Édouard Philippe soit un empêchement. L'obstination des 80 kilomètres/heure, le refus de retirer la taxe carbone, l'insistance pour un âge pivot dans une réforme des retraites déjà mal emmanchée... Surtout, quand le président annonce un « acte II du quinquennat » pour éteindre le brasier des gilets jaunes, il constate avec amertume que... rien ne se passe. Macron aurait voulu que son gouvernement change en profondeur. Il demande à ses ministres d'aller faire des permanences dans les préfectures, mais les préfets sont plus que frileux, et Philippe ne bouge pas. Et quand il n'est pas immobile, le cabinet du Premier ministre s'acharne à empêcher la suppression de l'ENA, dont le locataire de l'Élysée veut faire un symbole.

Macron a le sentiment d'avoir le bras tordu par un redoutable triangle d'alliés. L'homme de Matignon est d'autant plus fort à l'époque qu'il n'est pas seul. Avec son directeur de cabinet Benoît Ribadeau-Dumas et le propre bras droit de Macron à l'Élysée Alexis Kohler, réputé bien plus à droite que le président, ils forment un trio de grands commis de l'État qui résiste au patron. Aux yeux de certains, « Ribadeau » était quasiment devenu président de la République. Un homme que l'on décrit comme jovial, cul et chemise avec Philippe, son ami et camarade de promotion à l'ENA. Un directeur de cabinet qui avait réussi à prendre l'ascendant sur Kohler. À un moment, Macron s'est senti dépossédé du pouvoir.

Pour couronner le tout, pendant le premier confinement, Édouard Philippe commence à lui faire de l'ombre. Ses interventions sont claires, pédagogiques et modestes, quand le président se perd dans des allocutions abstraites, interminables et lyriques.

Depuis plusieurs mois, Emmanuel Macron cherche donc son successeur. Cela fait débat dans son équipe. Ainsi, son conseiller Philippe Grangeon a beau venir de la gauche, il n'est pas un farouche partisan du remplacement d'Édouard Philippe. Il craint que ce soit interprété comme un caprice. Pour lui, il faut changer le Premier ministre s'il est déloyal, incompétent, ou en cas de tournant dans la ligne politique.

Mais pour Macron, le problème n'est pas là. Le profil idéal aux yeux du président qui veut reprendre le pouvoir, c'est Mister Nobody. L'affable Jean Castex, discret homme du terroir, est l'homme qu'il lui faut.

Pour Philippe, prendre la porte, c'est l'humiliation. D'autant plus que Macron, en manager exécrable, fait les choses à sa façon. Rassurant dans la dernière ligne droite, au point que Philippe baisse la garde, et reprend confiance.

Preuve qu'il n'anticipe pas la claque, le lendemain du second tour des municipales, le Premier ministre décroche son téléphone. Au bout du fil, Nicolas Florian, héritier désigné de Juppé à la mairie de Bordeaux, qui vient d'être battu par surprise. « Qu'est-ce que je peux faire pour toi ? » lui demande Philippe. Comme s'il allait rester aux manettes. Florian en a déduit qu'il pensait conserver son poste à Matignon.

Ce même lundi, Emmanuel Macron déjeune avec Édouard Philippe à l'Élysée, avant de s'adresser aux membres de la convention citoyenne pour le climat. Mais au cours du repas, ô supplice, il n'aborde pas le sujet Matignon. Par embarras ou par sadisme ? Il attendra le jeudi soir pour lui annoncer qu'il se sépare de lui, avant de l'officialiser le lendemain matin.

Humiliation supplémentaire, dans la foulée, des conseillers élyséens font fuiter une information selon laquelle Philippe sera chargé d'une mission de « consolidation de la majorité ». Le voilà considéré comme un vulgaire intendant. L'orgueilleux Philippe est d'autant plus mortifié qu'il est remplacé par Jean Castex, même pas un élu de premier plan. C'est l'homme qu'il était allé chercher pour superviser le déconfinement.

Depuis, le Havrais s'est émancipé, et n'en fait qu'à sa tête. Certes, il a apporté son soutien au président pour la présidentielle, mais beaucoup trop tôt, en septembre. Des stratèges de la Macronie raillent un calendrier d'amateur : quand on a tout donné, on ne peut plus rien acheter... Philippe sait-il qu'il a commis une erreur ? Désormais, quand il est invité aux dîners de la majorité, il arrive souvent les poings fermés.

« Il m'a été utile pour négocier, pour arranger. Mais chaque fois qu'il fallait faire quelque chose, enfin prendre une position ferme, il faisait défaut… Il cherchait à biaiser. » C'est ce que de Gaulle disait de Pompidou, lors de la tumultueuse fin de leur relation[1]. C'est ce que Macron aurait pu dire de Philippe.

Notes

1. Cité dans Franz-Olivier Giesbert, *Histoire intime de la Ve République. Le sursaut*, Gallimard, 2021.

Cocktails secrets

Le pince-fesses se tient dans un atelier d'artiste du très bobo Xe arrondissement de Paris, début mars. Une vingtaine de personnes sont réunies pour un cocktail informel. Les convives ont deux points communs : ce sont des sympathisants de la cause macroniste et leur portefeuille est bien garni. Un élégant quinquagénaire, cheveux poivre et sel, s'adresse à la cantonade. Il détaille le coût et le financement d'une campagne présidentielle. Un candidat peut dépenser au maximum 17 millions d'euros jusqu'au premier tour, 22,5 millions s'il est qualifié pour le second. L'État rembourse la moitié des frais engagés. Il faut donc compléter, et c'est tout l'objet de sa présence.

Christian Dargnat, c'est son nom, a fait carrière dans la finance. Il a dirigé la filiale *asset management* de BNP Paribas, avant de se mettre à son compte en 2016, en lançant son cabinet de conseil aux dirigeants. C'est un proche d'Emmanuel Macron, qui lui fait confiance au point de lui avoir confié, encore une fois, la délicate tâche de lever des fonds pour sa campagne. On ne change pas un homme qui gagne : en 2017, le zélé Dargnat s'était acquitté de la même mission, avec succès et discrétion.

Le banquier rappelle les règles qui s'appliquent au financement politique. Seuls les dons de particuliers sont autorisés, dans la limite d'un certain plafond. Une personne peut donner au maximum 4 600 euros à un candidat à une élection, et 7 600 euros par an à un parti. Les dons ouvrent droit à une réduction fiscale de 66 %, ce qui n'est pas un détail pour le public présent.

Soudain, les regards se tournent vers la porte. Un visage connu du gouvernement vient d'entrer. À son tour de prendre la parole, pour défendre la réélection d'Emmanuel Macron, puis de répondre aux questions. Celles-ci sont parfois techniques. Les participants sont acquis à la cause, mais veulent tout de même savoir ce que prévoit le candidat pour leur secteur d'activité et leurs intérêts particuliers. Pour préparer ses réponses, le ministre a potassé des fiches sur le profil de chacun. À la fin du cocktail, les convives laissent une promesse de don dûment remplie. On les remercie d'avance pour l'envoi de chèque qui va suivre... si tout va bien.

Depuis l'automne, ce genre de réunion en petit comité s'est répété dans des quartiers chics de Paris. Seule une toute petite poignée de membres du gouvernement s'est prêtée discrètement au jeu. Des ministres qui pèsent dans les milieux économiques et bénéficient d'une certaine notoriété, comme Bruno Le Maire ou Gabriel Attal. Mais pas Emmanuel Macron. En 2017, le candidat passait draguer lui-même les donateurs. Mais aujourd'hui, pas question de prendre ce risque, surtout quand on est étiqueté « président des riches ».

De toute façon, Macron a besoin de beaucoup moins de dons qu'il y a cinq ans. Il est désormais à la tête du parti le plus riche de France. Les formations politiques perçoivent des subventions publiques en fonction de leur score aux élections législatives et du nombre de parlementaires, ce qui favorise mécaniquement le parti présidentiel. La République en marche touche ainsi plus de 20 millions d'euros par an. Le mouvement indique avoir budgété 8 millions en guise de contribution à la campagne présidentielle. Le MoDem de François Bayrou abonde à hauteur de 1 million et demi. Pour boucler le plan de financement, Christian Dargnat doit, lui, lever au moins 5 millions d'ici au premier tour.

Pas très difficile, surtout lorsqu'on représente un candidat largement soutenu par les milieux d'affaires. La campagne Macron n'a pas de problème d'argent, contrairement à Marine Le Pen, dont les électeurs sont largement issus de milieux populaires. Pourtant, le soutien de l'*establishment* relève bien plus de la raison que de l'affection. Contrairement à Sarkozy ou Hollande, Macron reçoit très peu les grands patrons. Il cultive tout de même une respectueuse proximité avec Bernard Arnault, la première fortune de France, et une amitié avec Xavier Niel, le fondateur de Free, qui, au passage, est le compagnon de Delphine Arnault, la fille de l'empereur du luxe.

Pour autant, Niel, qui ne vote plus depuis la présidentielle de 1988, n'a rien donné à la campagne Macron. Contrairement au propriétaire de théâtres Jean-Marc Dumontet, autre proche du président, qui a versé le maximum autorisé. Le consultant Alain Minc avait donné à Macron en 2017, mais cette fois, il ne compte pas verser son obole. Il est fâché avec le président et soutient publiquement Valérie Pécresse. Et puis de toute façon, le chef de l'État n'en a pas besoin, fait-il remarquer, en se moquant du parti présidentiel qui a trouvé bon de s'implanter dans l'un des quartiers les plus chers de Paris : « En Marche, la seule décision qu'ils ont prise, c'est d'acheter un siège à 35 millions d'euros, et ces connards le mettent dans le VIIIe arrondissement ! Ils ne peuvent pas au moins aller dans le Xe ? »

Derrière son dos, certaines des grandes fortunes sollicitées sourient de la méthode de Christian Dargnat, dont les messages et appels se font souvent révérencieux. « Le président m'a demandé de vous appeler », « Votre avis compte beaucoup pour le président », etc. Le banquier de Macron, lui, espérait-il une récompense ? En Macronie, ils sont nombreux à s'étonner que Dargnat n'ait été nommé nulle part, et décrivent le président comme un ingrat. L'intéressé, lui, a assuré à l'un de ses proches avoir refusé plusieurs propositions de Macron, et se sentir très bien dans sa vie de consultant prospère. Nous n'en saurons pas plus, car, on l'aura compris, l'homme a fait vœu de discrétion, et c'est un euphémisme.

Le président qui a eu peur

Il lit tout, analyse tout, surveille tout. En plus de son compte Twitter officiel, le chef de l'État s'est créé un deuxième fil sous pseudo, qu'il scrute en permanence. C'est l'une de ses lunettes sur le monde, depuis sa forteresse élyséenne. Emmanuel Macron inspecte aussi Facebook, quand il ne consulte pas les chaînes de la messagerie cryptée Telegram ou les dizaines de newsletters auxquelles il s'est abonné. Il ne se contente pas de la lecture des journaux au petit déjeuner, et notamment ce moment où il passe en revue d'un coup d'œil, grâce à un kiosque numérique, toutes les unes du jour de la presse régionale. Celle qui, à ses yeux, lui permet de prendre vraiment le pouls du pays, contrairement à ces journalistes politiques parisiens qu'il ne tient pas en haute estime.

Régulièrement, c'est le président lui-même qui alerte ses équipes par message, en leur envoyant un tweet ou une vidéo virale : « *Regarde, c'est quoi ?* » Parfois, le côté tentaculaire fait sourire les troupes. Comme quand leur patron relaie une information fausse, issue d'un compte obscur. Mais qu'importe les petits poissons, pourvu qu'on ait les gros. Pour être efficace, il faut être paranoïaque.

Car le président, depuis le mouvement des gilets jaunes, a une hantise : que quelque chose lui échappe.

Le premier de la classe s'en est voulu de ne pas avoir vu la crise arriver, en novembre 2018. Il n'en a pas mesuré l'ampleur, alors que dès juillet-août, cette année-là, des proches l'avaient mis en garde. Alors que c'est encore lui, à l'époque, qui avait repéré dès le mois d'octobre la vidéo de Jacline Mouraud, cette inconnue se plaignant du prix de l'essence, qui deviendra une figure du mouvement. Il en avait immédiatement parlé à huis clos lors d'une réunion à l'Élysée : « Il ne faut pas subir », avait-il alors intimé à ses troupes.

Chez ceux qui étaient alors en première ligne, on le confesse, personne n'a senti la déflagration arriver. Emmanuel Macron venait d'achever son « itinérance mémorielle ». Un déplacement de plusieurs jours dans le nord-est de la France, à l'occasion du centenaire de la Première Guerre mondiale. Il avait vu du monde, entendu les sujets de préoccupation. De quoi se conforter dans l'idée qu'il n'était pas bunkérisé.

Si l'on remonte le temps aujourd'hui, c'est que cette crise a profondément changé le président. Ce n'est pas qu'un slogan. Lui dira plus tard que cela l'a « scarifié ». Si le Macron de 2022 brandit la concertation en étendard, quand tout procédait de lui en 2017, c'est que sous son mandat, il a vu la démocratie vaciller. Et il en a tiré des leçons. Plus question de brusquer. Terminé, les réformes à la hussarde.

Fin 2018. Les samedis de violences se succèdent. Les Français voient chaque semaine des images surréalistes. Le saccage de l'Arc de triomphe. L'incendie d'une préfecture, au Puy-en-Velay. L'attaque vise l'État, les fonctionnaires reclus à l'intérieur, mais aussi l'homme. Emmanuel Macron sera marqué au fer rouge par sa visite sur place. Un déplacement en catimini trois jours plus tard, qui manque de tourner au drame. Le président est insulté, sa voiture est pourchassée. Si son chauffeur n'avait pas brusquement accéléré, il aurait peut-être été lynché. Emmanuel Macron a vu la haine en face, celle qu'il inspirait.

Et puis il y a les hordes de manifestants qui menacent d'entrer dans l'Élysée. Le samedi 24 novembre, la foule se rapproche dangereusement. Elle pense que le président est dans son palais, alors qu'il est à la résidence de la Lanterne, en région parisienne, comme souvent le samedi.

Il n'empêche. À ce moment-là, le président a eu peur. Pour la première fois, ses proches ont vu un chef de l'État inquiet, fébrile, physiquement angoissé. Il le confie à un ami dans un moment d'abandon : « Ils vont finir par me buter, et pour Brigitte, ce sera encore pire... »

Emmanuel Macron est d'abord sidéré, tétanisé. C'est la première fois de sa vie qu'il ne sait pas par quel bout prendre les choses, qu'il ne trouve pas la clé. Tout est fumeux, liquide. Le président n'a pas de prise, autant tenir de l'eau entre les mains. « On ne comprend pas ce qu'ils veulent », répète-t-il.

Alors, il consulte tous azimuts. Début décembre, il déjeune avec Nicolas Sarkozy à l'Élysée. Il a besoin de ce prédécesseur qu'il sonde si souvent. Il est question de la crise, des mesures pour éteindre la colère. Alain Minc, le consultant fétiche de l'*establishment*, à qui il arrive d'échanger avec les deux hommes, constatera l'impact de cette rencontre sur un président qui « flottait » et semblait désemparé : « Sarko a remis Macron sur son cheval. »

À cette époque, Emmanuel Macron convoque régulièrement des réunions en petit comité à l'Élysée. Ils sont trois ou quatre à participer à ces cellules de crise qui ne disent pas leur nom. Parmi eux, l'inévitable Alexis Kohler, le conseiller Philippe Grangeon, le producteur de théâtre et ami des Macron Jean-Marc Dumontet, ou encore Jean-Marc Borello, président du Groupe SOS et ancien prof de Macron à Sciences Po.

C'est le genre de réunion où il vaut mieux arriver préparé, car le chef de l'État force tout le monde à prendre la parole. Le rituel est toujours le même : il fait le tour de la table, écoute et prend des notes. Les convives se demandent s'il en fait vraiment quelque chose. En fait, Macron a souvent déjà son idée en tête, mais il veut être certain que rien ne lui échappe. Les ministres sont rarement conviés à ces séances de *brainstorming*. Le président tente de chercher hors des sentiers battus. Il consulte par exemple le sociologue Jean Viard, ancien soutien de Ségolène Royal rallié à la Macronie.

Autour de lui, c'est la grande foire aux idées. Il faut remanier, il faut dissoudre, il faut faire un référendum... Certains estiment que c'est déjà la fin d'un règne. Ce président encore si sûr de lui quelques jours plus tôt n'exclut plus aucune option. Christophe Castaner, qui vient d'être promu ministre de l'Intérieur, va jusqu'à suggérer dans une note de nommer Gérard Larcher, le président du Sénat, à Matignon. Le scénario ultime, qui aurait pu prendre corps s'il y avait eu des morts parmi les manifestants. Une abdication, en somme.

Gérard Larcher, en tout cas, est consulté sur la conduite à tenir, comme nombre de responsables institutionnels et de corps intermédiaires. Le nouveau monde semble appeler l'ancien au secours. Lors d'une entrevue à l'Élysée, Larcher est frappé par ce président aux abois, qui lui répète : « Aidez-moi. » Il racontera plus tard, entre les murs du Sénat : « J'ai vu un petit garçon. »

Le président est profondément seul. Aucune figure de poids n'a émergé dans son gouvernement. C'est ce qui a marqué Jean-Marc Dumontet. Au cœur de la crise, le producteur proche d'Emmanuel Macron constate que personne n'est capable de riposter dans les médias. Quand il tape le nom du Premier ministre sur Google, il tombe sur un article du *Figaro* titré : « Une rentrée dans le calme pour Édouard Philippe ». Gaguesque, si l'heure n'était pas si grave.

On l'a oublié tant la situation s'est inversée ensuite, mais, pendant deux ans, le Premier ministre n'a pas imprimé. Macron écrasait tout. Et au moment où il en a le plus besoin, quand il est acculé, fragilisé, personne d'autre n'existe. Mais le chef de l'État a du mal à l'admettre. Ça serait aussi avouer qu'il ne s'est pas toujours bien entouré. Confesser qu'il a péché par orgueil, au début, quand il pensait n'avoir besoin de personne. Il est seul aussi à trouver la porte de sortie. Ce sera le « grand débat national ». Une idée qui a germé dans le cerveau du président, théorisée par lui, presque envers et contre tous. Une fois encore, il rencontre des résistances, et pas seulement de la part des technos. Macron est confronté à la frilosité de certains, à commencer par Édouard Philippe qui, selon un témoin, manque de faire un AVC quand il l'apprend ! Lui qui confiera plus tard à un proche avoir pensé que le système allait s'effondrer, et qu'ils seraient emportés, s'accroche à la démocratie représentative.

Quand Emmanuel Macron présente son projet en Conseil des ministres, la plupart des participants se demandent si le président n'est pas devenu fou. Le seul à en dire du bien, c'est « saint Jean » : Julien Denormandie connaît son Macron, il sait que l'exercice lui conviendra parfaitement.

En dehors, ils ne sont qu'une poignée à conforter le président. La secrétaire générale adjointe Anne de Bayser, le président du MoDem François Bayrou ou le conseiller Philippe Grangeon sont pour. Ils encouragent cette rédemption par le dialogue avec les citoyens. Et pour ce petit groupe de disciples, c'est certain, Macron sera un bon prédicateur.

Le président vilipendé prendra donc son bâton de pèlerin sur les routes de France. À la reconquête de ce peuple qu'il a déçu, et qui lui a montré sa révulsion. Jamais avare d'une expression intello, il appellera le « grand débat » son « moment habermassien », du nom du philosophe allemand, théoricien d'une légitimité qui viendrait de la délibération dans l'espace public. L'ami sénateur François Patriat a, lui, cette formule : « Et le génie rejoindra la solitude. »

« Vous êtes avec l'assassin ? »

Pavillons malheureux, tours en béton grises, bistrots décatis, quand ils sont encore ouverts.

« Salut, Fanfan ! » À Dijon, ce 28 mars, François Patriat distribue les bises devant le lycée professionnel des Marcs d'Or. Ses grands yeux clairs contrastent avec son teint hâlé par la campagne et les vignes. Sur le trottoir, le fidèle macroniste attire la sympathie et les journalistes, toujours à l'affût de bonnes formules. Quatre-vingts sont accrédités ce jour-là. Hier, en l'absence de son champion, il a fait sept cents bornes pour un meeting... d'à peine cent personnes. Difficile de mobiliser, même le week-end. Mais au moins, il s'est senti utile. Le sénateur de Côte-d'Or joue à domicile. C'est lui qui accueille les élus, en attendant le président.

Emmanuel Macron n'a pas choisi la Bourgogne des vins et des paysages, mais celle de l'absence d'horizon et des quartiers difficiles. Terminé, la campagne Potemkine et ses décors en carton-pâte. Terminé, les séances de questions-réponses policées et les interviews préparées. Le candidat veut se frotter aux Français. Tordre le cou à cette idée qu'il ne ferait pas campagne. Et faire campagne signifie aussi descendre au niveau de ses adversaires.

La veille, lors du meeting d'Éric Zemmour au Trocadéro, une foule a scandé pendant onze longues secondes : « Macron assassin ! » Le candidat est à peine arrivé qu'on l'interroge. Qu'en a-t-il pensé ? La réponse fuse, cinglante. Très loin de la retenue que mettait jusqu'ici le président pour parler de ses adversaires. Macron qualifie Zemmour de « candidat malentendant », et l'invite à s'équiper à moindres frais, grâce à la réforme « 100 % santé », qui permet le remboursement de certaines prothèses.

Une réponse drôle, un peu maladroite, aussi. On imagine que le chef de l'État l'a peaufinée avec ses communicants, mais il n'en est rien. Cette riposte, il l'a préparée tout seul. Et la scène de cette foule furieuse l'accusant de meurtre, le chef de l'État l'a vue en direct.

François Patriat patiente sur le trottoir. Il a retrouvé quelqu'un qu'il connaît bien. C'est l'élu du jour, Rebsamen, le maire de Dijon. Il s'appelle François, comme Patriat. Et il a passé la majeure partie de sa vie au Parti socialiste, comme lui. Mais à l'inverse de Patriat, qui dès 2016 s'est donné corps et âme à Emmanuel Macron, Rebsamen a longtemps fait languir le président. Pour finir par le rejoindre, à un mois du premier tour. Depuis cinq ans pourtant, Macron n'a pas ménagé ses efforts pour séduire ce proche de François Hollande. « Est-ce que tu as vu Rebsamen ? » demande-t-il souvent à François Patriat.

L'escale à Dijon vient à point nommé, à quinze jours du premier tour, car les commentaires sont unanimes : le programme de Macron penche à droite. Cette journée a donc une vocation : retrouver le sel du dépassement des débuts. Macron a choisi des thèmes qui parlent à la gauche : école, jeunesse, formation, et politique de la ville. À chaque instant, le président fait attention à avoir Rebsamen à ses côtés. « François, il est où François ? » s'égosille-t-il en plein bain de foule. La crinière blanche de l'éléphant socialiste s'incruste sur tous les plans.

Ce jour-là, Emmanuel Macron se veut aussi l'incarnation de l'empathie. Il enlace tous les bébés qu'on lui offre, ne s'offusque pas de ces parents écrasés par la chaleur et la foule, leur progéniture en otage.

« Attendez, y'a un monsieur qui m'a jeté sa fille pour la photo, je ne sais pas à qui elle est », se gondole Macron, qui confie l'enfant en larmes à son garde du corps. Il n'est que bienveillance. Est-ce parce qu'il a conscience que, de ce point de vue là, Marine Le Pen a un océan d'avance ? D'autant plus que toute la journée, le président est interpellé sur le pouvoir d'achat. Un domaine préempté par la candidate RN avec succès depuis des mois.

Avec le jour qui décline, la foule prend de l'ampleur. La sécurité, elle, reste à l'affût. Les hommes du président ont intercepté *in extremis* deux banderoles hostiles. Ils sont allés les récupérer au pied d'un immeuble. On apprendra qu'il y était peint *« Macron dégage »*. Des Ukrainiennes entourées de drapeau bleu et jaune, elles, portent une bannière *« Sauvez Marioupol »*. « Manquerait plus que des pro-Russes arrivent », grommelle l'un des anges gardiens du chef de l'État.

Le groupe de sécurité de la présidence de la République (GSPR) a aussi repéré un gilet jaune radicalisé, qui avait déjà suivi Macron dans son déplacement à Pau, quelques jours plus tôt. Plus tard, c'est un petit groupe de fauteurs de trouble qui est exfiltré. Ils sont retenus plusieurs mètres plus loin derrière un important cordon de CRS, les barrières ne suffisant pas. Le parcours du bain de foule est adapté afin que le candidat ne les croise pas.

La rumeur court qu'un homme aurait des œufs, prêt à les jeter sur le président. Fausse alerte, c'était juste un habitant qui rentrait de ses courses.

Macron glisse de main en complainte. Entre les encouragements, les selfies et les accolades, la colère, le désespoir, et parfois la haine qui ressurgit. À deux jeunes femmes du QG qui marchaient vers le lieu de la prochaine séquence, leur badge Macron autour du cou, un jeune cycliste a lancé : « Vous êtes avec l'assassin ? »

Le président quitte les lieux, la séquence est officiellement terminée. Mais lui a prévu une dernière étape, loin des caméras.

*

Changement de décor. Direction l'atelier de l'artiste franco-chinois Yan Pei-Ming, dans la périphérie de Dijon. Emmanuel Macron, qui a déjà rencontré l'artiste, admire ses œuvres. Le peintre travaille sur de grands formats, à coups de brosse et de couleurs sombres. Ce soir, un Christ en croix de trois mètres de haut émeut le petit groupe. Il y a aussi un portrait du président, le regard un peu dur.

En ce moment, Yan Pei-Ming peint des fleurs. Les deux François, Rebsamen et Patriat, sont là. Autour d'un verre de vosne-romanée, on va droit au but. L'artiste, qui soutient le président, l'assure, confiant : « Ça va passer. » « Non, c'est jamais fait, rien n'est joué », rétorque Macron, qui redoute, entre autres, la démobilisation que pourrait entraîner un excès de confiance.

Le candidat a déjà la tête au meeting qu'il doit tenir dans quelques jours dans l'immense Défense Arena. Il a constaté que ses lieutenants et ministres ne remplissaient pas les salles. Que les Français n'allaient plus aux meetings comme avant. « Il faut que samedi il y ait de l'ambiance, de la chaleur, du monde », insiste le président, accordant sans doute à sa phrase un effet performatif. Une ombre plane sur ce moment suspendu. Emmanuel Macron songe à Marine Le Pen, donnée autour de 47 % dans un encore hypothétique second tour face à lui. « Gouverner avec 53/47, ce n'est pas comme gouverner avec 60/40 », lâche-t-il, songeur. « Marine Le Pen est surcotée », répond Patriat, qui se veut rassurant. « Tu as tort », rétorque du tac au tac Rebsamen, qui précise, factuel : « Les études d'opinion le disent. » Ces études, Macron les lit toutes. Il a décidé d'intensifier sa campagne.

Le concert

Une, deux, une, deux. Jonathan Guémas se dandine sur ses jambes, comme s'il voulait rythmer le phrasé de son patron. Appuyé sur une barrière du carré régie, le Scénariste est posté derrière un technicien qui fait défiler le prompteur. Ce texte, c'est lui qui l'a écrit, du moins les premières moutures. Guémas est désormais habitué à cette étrange sensation, celle de voir un autre s'approprier ses propres mots. C'est le lot des plumes, ces compositeurs de l'ombre qui restent au pied de la scène quand le concert commence.

En effet, on pourrait croire que c'est bien un concert géant qui se tient dans l'immense salle de La Défense Arena, tout près de la grande arche du quartier d'affaires, ce samedi 2 avril. À une semaine du premier tour, Emmanuel Macron s'est enfin décidé à tenir un meeting. Après des semaines de frustration, l'équipe de campagne s'en est donné à cœur joie : c'est une débauche de moyens. Une arène de quarante mille places où quelques rangs resteront vides, des écrans géants partout, des tee-shirts et drapeaux à gogo, des musiciens, un DJ et même un chauffeur de salle professionnel, qui fait faire la ola aux membres du gouvernement. Ambiance bon enfant et bonne tenue. On est dans l'Ouest parisien, et la sociologie est celle de la France qui va bien.

« Alors, vous en pensez quoi ? » demandent fièrement aux journalistes les attachés de presse du QG de campagne. Le spectacle de première partie remplace la traditionnelle série de discours des soutiens. Le candidat sera le seul à parler, au milieu d'une immense scène. Confirmation éclatante que le macronisme n'est pas un collectif.

Le héros du jour arrive sous les vivats et les jaillissements de flammes. Il va parler. Longtemps, plus de deux heures. Brigitte Macron n'est toujours pas au bout de son combat pour que son mari fasse plus court. Il vante son bilan, énumère son programme, célèbre l'Europe, cogne l'extrême droite. Il sort de son texte, s'engage dans des digressions. Le discours est décousu, mais il jubile. Enfin, il est en meeting. Le technicien du prompteur doit souvent s'interrompre, puis reprendre le fil. La veille, Emmanuel Macron a répété sur la même scène, et l'équipe s'inquiétait, déjà, de ses improvisations.

Le show laisse une impression mitigée. Environ cinq mille sièges restent vides. L'acoustique n'est pas terrible. Et la règle de l'égalité stricte des temps de parole empêche les chaînes infos de retransmettre le discours. Seule LCI en diffuse une partie, mais est obligée de couper en cours de route. Au grand dam de l'entourage présidentiel, les téléspectateurs n'entendront pas les envolées les plus politiques, à la fin, quand Macron pilonne Le Pen et Zemmour sans les citer.

Les personnages des différents clans sont chacun à leur place. Même Alexis Kohler est sorti de son bureau élyséen pour s'installer dans les premiers rangs, non loin de Sébastien Lecornu, très à l'aise au milieu des élus. Clément Léonarduzzi est en régie, supervisant le spectacle. Julien Denormandie s'éclipse avant la fin, deux petites filles sous les bras : il a la première communion de l'un de ses quatre enfants. Après *La Marseillaise*, le candidat, veste et cravate retirées, retrouve une centaine de VIP sous les gradins. Carole Bouquet croise Bruno Le Maire, Brigitte Macron retrouve « Fanfan » Patriat... Félicitations, bises, selfies.

La presse écrira qu'Emmanuel Macron a voulu s'adresser à la gauche. Rééquilibrer son message, alors que l'on a retenu de son programme la retraite à 65 ans et le conditionnement du RSA à une activité. Toujours posté derrière l'écran du prompteur, Jonathan Guémas sourit quand le candidat reprend une formule d'Olivier Besancenot : « Nos vies, leurs vies valent plus que tous les profits. » C'est lui qui a eu l'idée, en constatant la montée de Jean-Luc Mélenchon dans les sondages. « On prépare le second tour », lance-t-il en éclatant de rire.

Contre-soirée

Emmanuel Macron est furieux. Terminée la douce euphorie du meeting, *La Marseillaise* entonnée les yeux fermés, comme s'il priait la Vierge. Ce qui était censé être le point d'orgue de sa campagne avant le premier tour est à peine terminé qu'on vient déjà l'empoisonner. Ses amis lui ont relayé des vidéos : Édouard Philippe a organisé sa contre-soirée, dans un bar juste en face de La Défense Arena.

L'ancien Premier ministre était pourtant assis au premier rang, il a applaudi, il a même fait (mollement) la ola. Mais derrière, il est retourné à sa petite boutique. Non seulement Philippe a réuni et chauffé ses militants, un peu comme s'il était le candidat, mais, pire, il a déclaré dans son discours, en appuyant sur chaque mot : « Horizons prendra toute sa part dans la majorité... Toute sa part. » L'expression sonne comme un avertissement, sinon une menace.

Emmanuel Macron trouve ça triste, il le confie en privé. Fin mars déjà, Philippe assurait au *Parisien* que « bien sûr, Marine Le Pen [pouvait] gagner la présidentielle ». Et que si, elle l'emportait, il se poserait la question de se présenter aux législatives. Sous-entendu, il serait candidat au poste de Premier ministre, peste-t-on en Macronie.

Décidément, le chef de l'État a du mal à faire rentrer Philippe dans le rang. Et plus son ancien Premier ministre montre des velléités d'indépendance, plus Macron veut lui couper les ailes. C'est tout le sens d'un projet qu'il mûrit en vue de l'entre-deux-tours de la présidentielle : la création d'un grand parti, qui engloberait La République en marche et ses alliés.

Macron se sentirait-il menacé ? Il ne veut pas être « emmerdé », nous dit-on. Le président considère que Philippe lui doit tout, lui qui l'a sorti de sa cave juppéiste de province pour le nommer à Matignon. Du haut de son Olympe jupitérien, le chef de l'État méprise ceux qui gèrent leur petit capital, comme des marchands de tapis.

L'idée d'un parti unique a germé dans l'esprit du président avant la campagne. Il veut, en vue des législatives de juin, rassembler toutes les chapelles de sa majorité pléthorique, et donc Horizons, le parti de Philippe. Concrètement, les petites boutiques seraient fusionnées sous une seule enseigne, avec une caisse commune. Un point crucial, puisque les partis politiques touchent des subventions publiques en fonction de leurs scores aux législatives. Avec un tel dispositif, l'argent reviendrait au grand rassemblement, et non à chaque formation individuellement. En clair, Philippe n'aurait plus de vivres. Et sur les affiches électorales, la seule étiquette serait celle de Macron, point barre.

Alors que Philippe mise sur les législatives pour peser et faire grandir son jeune mouvement, le président, lui, veut se donner les moyens de gouverner. Il pense avoir trouvé la parade pour tuer cette mise sur orbite personnelle. Le maire du Havre n'a plus que deux mauvaises solutions, lui qui voulait être « loyal, mais libre » vis-à-vis de la majorité macroniste : dedans ou dehors. Macron veut lui tordre le bras.

Il le signifiera clairement le soir du premier tour, quand il évoquera dans son discours la création de ce « grand mouvement politique ». Philippe en est agacé au plus haut point. Et il n'est pas le seul. Ce parti, Macron devait l'annoncer quelques jours plus tard. Il n'a pas prévenu de cette accélération un proche, pourtant lui aussi concerné au premier chef : François Bayrou.

Malgré lui, le président réussit un exploit. Unir contre son projet deux hommes qui se détestent cordialement : Bayrou et Philippe. Le patron du MoDem n'a jamais compris pourquoi Macron avait nommé à Matignon ce conseiller d'État, à ses yeux pur produit de la rigidité technocratique. « Vous aviez un autre choix... » a-t-il même déjà glissé au président, une phrase dont le sous-entendu est limpide. Mais pour une fois, Bayrou et Philippe se trouvent une cause commune.

Pour les macronistes, la future structure permet de faire d'une pierre deux coups : mettre le maire du Havre sous cloche et annexer le MoDem. Mais François Bayrou ne veut pas entendre parler de ce nouveau mouvement attrape-tout, et il l'a dit au président. Le maire de Pau était partant pour un rapprochement entre son parti et La République en marche, pour donner une consistance à ce qu'il appelle « le centre unitaire ». Mais adjoindre des flotteurs à gauche et à droite, c'est non. Pas question qu'on le mette dans le même sac que Claude Bartolone et Christian Estrosi !

L'histoire est cocasse. Face aux assauts conjugués de la Macronie, la glaciale relation entre Philippe et Bayrou a repris quelques couleurs. Rien de chaleureux, certes, mais ils se reparlent, eux qui sentent bien qu'on leur a accroché une cible dans le dos.

Dans l'entourage de Macron, on pense qu'on parviendra à faire plier Philippe, mais aussi Bayrou. Un proche du président se marre en s'imaginant dire à un élu MoDem mécontent : « Très bien, tu te présenteras aux législatives avec une photo de Bayrou ! » Quant au concept de député estampillé Horizons, les partisans du parti unique jugent que ça ne peut tout simplement pas exister. Tous les élus ne sont là que grâce à une personne, celui duquel tout procède : Macron.

Depuis plusieurs mois, le président a chargé le madré Richard Ferrand de jouer les entremetteurs pour dessiner la maquette. À l'approche de l'élection, il a insisté auprès du président de l'Assemblée nationale pour qu'il accélère. Mais celui-ci se heurte à un mur.

Le week-end du premier tour, Ferrand multiplie les appels. Édouard Philippe, maître de l'esquive, est particulièrement fuyant. Il suffira d'observer son petit manège, le 14 avril, au Havre. Quatre jours après le premier tour, Macron prend soin de se rendre dans sa ville, au moment où il tente de lui passer la corde autour du cou. Ambiance glaciale. D'autant que le déplacement présidentiel chez Philippe, initialement prévu avant le premier tour, a été décalé trois fois, et que le chef de l'État ne s'est même pas fendu d'un mot d'excuse. Ce jeudi-là, Philippe ne fait même pas semblant. Toute la journée, il affiche une mine peu enjouée et se tient en retrait. Comme une proie qui prendrait bien soin de rester éloignée du boa constrictor qui ne le lâche pas des yeux.

Le grand méchant loup

Au premier étage de l'Élysée, un homme souffre en silence. Le bureau d'Alexis Kohler a échappé à l'opération dépoussiérage de la première dame. Grande table en bois recouverte d'un plateau de verre, une drôle de banquette à rayures marron et noires, des fauteuils que l'on devine Louis XV, à rayures... marron et noires. Ce n'est pas le temple de l'épure voulu par Brigitte Macron, mais un sanctuaire un peu vintage. On y trouve aussi, en vrac, une horloge en forme de coq offerte par Vladimir Poutine, une casquette estampillée « Vietnam », une plaque d'immatriculation de Washington DC, souvenir de son poste au Fonds monétaire international (FMI), ou encore un petit bateau en papier, origami réalisé par l'une de ses filles.

Alexis Kohler est blessé. À nouveau, des articles de presse le mettent en cause. Des anonymes le dézinguent furieusement en *off*. Ils évoquent, une énième fois, sa rigidité et ses méthodes supposément autoritaires. Le secrétaire général de l'Élysée aurait verrouillé la campagne d'Emmanuel Macron selon ses vues. Imposé son conformisme et ses réflexes technocratiques.

Ces critiques sont récurrentes depuis le début du quinquennat, quand Kohler s'est installé dans ce grand bureau d'angle qui donne sur le jardin. L'emplacement dit tout de son statut. En entrant, une porte au fond à gauche communique avec le salon vert, qui donne lui-même sur le premier bureau d'Emmanuel Macron. Kohler est, protocolairement et géographiquement, le plus proche collaborateur du président. Seule la secrétaire particulière, Valérie Lelonge, dont le bureau est situé de l'autre côté, peut se targuer d'un si grand degré de voisinage.

Le secrétaire général est probablement la seule personne, hormis Brigitte, à laquelle Macron accorde une confiance intégrale, forgée par huit ans de collaboration depuis qu'il a dirigé son cabinet à Bercy. Kohler est l'alter ego du chef de l'État, dont il est l'aîné de cinq ans. Sa boîte à outils, son couteau suisse. Un homme qui oriente et canalise un président parfois tenté de se disperser. Beaucoup le comparent à une tour de contrôle, lui préfère voir son bureau comme une « gare de triage ».

Pour échapper à ses pesants dossiers, le secrétaire général joue du piano au moins une fois par jour. Du Bach, du Chopin, ou, plus surprenant, du Alexis Ffrench, compositeur noir qui revisite le classique et détonne dans cet univers codifié. Alexis Kohler est un drôle de chef d'orchestre qui, à première vue, n'a rien d'un artiste, et compose rarement. C'est d'ailleurs étonnant : comment cet homme si discret, si réfléchi et si raide, peut-il être associé au point d'être confondu avec un chef d'État si solaire, impétueux et souple ? Alexis Kohler est un jardin à la française. Tout doit être parfaitement taillé, il faut prendre l'allée en gravier. Macron, c'est le jardin à l'anglaise. L'un goûte peu les jeux politiques et les coups de billard à trois bandes, l'autre s'y délecte.

Le rôle de premier plan d'Alexis Kohler, couplé à sa discrétion, lui a valu une réputation de monstre froid redouté dans la majorité. À écouter ministres et députés, l'énarque serait une sorte de superordinateur, avalant des kilomètres de notes et recrachant des arbitrages qui ne souffrent aucune discussion. Ses détracteurs, nombreux, le dépeignent jusqu'à la caricature comme un grand méchant loup, prêt à dévorer tous ceux qui ne garderaient pas la main sur la couture du pantalon.

Mais – nous l'avons vérifié directement dans sa tanière – Alexis Kohler est bien un être humain. Il lui arrive même de sourire et de faire des blagues, et ces dernières peuvent être drôles. Du reste, sa conversation est très académique. Il cherche soigneusement ses mots et se lance dans de longs développements où résonnent surtout des concepts : « cohérence », « coordination », « engagement », « intérêt du pays ».

Il insiste sur un point, comme une règle de vie monacale : « J'ai pour discipline de ne jamais parler de mes relations avec le président. La condition de la confiance, c'est la discrétion. Quoi qu'il en coûte et quoi qu'il m'en coûte, car ça suscite cette image de personne assez fermée, qui génère beaucoup de fantasmes. » De toute façon, ajoute-t-il, il déteste raconter les coulisses du pouvoir. « A *priori*, quand vous allez au restaurant, ce n'est pas pour visiter la cuisine ! »

Pourtant, si Alexis Kohler concentre les critiques, c'est parce que la recette qu'il a préconisée pour la réélection de son patron est peu goûtée par les autres clans. Une recette à son image, faite de pondération et de classicisme. Certes, il n'est pas pour que le président-candidat se planque, lui qui a estimé très tôt, dans les réunions, que cette élection ne pouvait avoir lieu « ni par drapeau, ni par défaut ». Comprendre : ni parce que les crises renforceraient la stature présidentielle de Macron, ni parce que les électeurs se porteraient sur lui pour faire barrage à Marine Le Pen. Mais pour Kohler, général en chef des Technos, une campagne, c'est d'abord un programme. Il considère que celui d'Emmanuel Macron est riche et dense… d'autant plus que c'est lui qui a tenu la plume. À ses yeux, il suffirait donc de « déplier le projet », selon une expression du président lui-même, en procédant séquence par séquence pour expliquer chaque mesure.

Une perspective à faire bailler d'ennui les Scénaristes, peu convaincus par cette approche. Clément Léonarduzzi et Jonathan Guémas voulaient, eux, une vraie campagne. Du récit, de la conquête et de l'entraînement, en se démultipliant sur le terrain et dans les médias. Une mise en scène de « l'optimisme de la volonté », cette formule forgée par Guémas et souvent reprise par Macron.

Les Grognards pestent, eux aussi, contre la ligne Kohler. Surtout depuis qu'ils ont le sentiment que le secrétaire général a verrouillé le programme à double tour, en leur coupant l'herbe sous le pied. C'est que l'homme a beau prétendre ne pas se substituer au politique, il a ses idées, comme les politiques qui entourent Emmanuel Macron ont pu le constater au cours du quinquennat.

Ils se souviennent, par exemple, de ce dîner à l'hôtel de Lassay, le 24 juillet 2021. Ce soir-là, alors que la France pense enfin entrevoir la sortie du Covid, le chef de l'État réunit une poignée de confidents chez Richard Ferrand, le président de l'Assemblée. Autour d'eux : François Bayrou, Christophe

Castaner, François Patriat et l'omniprésent Alexis Kohler. Ce conciliabule n'a jamais été éventé, et pour cause : c'est le premier rendez-vous où Emmanuel Macron a évoqué sa candidature. Le repas visait à fixer le séquençage des opérations avant l'entrée en campagne. Mais aussi à trancher un sujet brûlant : faut-il reprendre la réforme des retraites avant la fin du mandat, ou la laisser dans les cartons ?

Pour les Grognards, la réponse est claire : c'est non. Les Français sont épuisés par deux ans de crise sanitaire. Les syndicats ont fait savoir qu'ils étaient unanimement contre. Même le Medef s'y oppose, de crainte que des mouvements sociaux n'entravent la relance. Bref, ce serait folie de s'obstiner envers et contre tous. Mais Alexis Kohler, qui prend rarement la parole dans ce genre de cénacle, défend avec véhémence un point de vue diamétralement opposé. Pour lui, il faut faire la réforme, c'est une question de responsabilité. Comme d'habitude, Emmanuel Macron ne dit rien sur le moment, mais plus tard, il renverra le dossier des retraites à un éventuel second mandat.

Preuve qu'il sait prendre ses distances. Ceux qui décrivent un président sous influence doivent savoir que Kohler n'a pas toujours le dernier mot. Autre exemple : quand le gouvernement exonère les entreprises de charges pendant le Covid, dans le cadre du « quoi qu'il en coûte », le secrétaire général plaide pour que l'on demande leur remboursement plus tard, au lieu d'une annulation pure et simple. Emmanuel Macron s'agace de ce manque de sens politique. Pas question de demander aux entreprises de rendre l'argent, ce qui dénaturerait totalement le geste.

Beaucoup prêtent à Alexis Kohler une austérité pesante, jusque dans les moindres détails. Stéphane Bern, proche du couple présidentiel, garde en travers de la gorge le *dress code* d'une réception du grand-duc et de la grande-duchesse de Luxembourg à l'Élysée, le 19 mars 2018. L'animateur, qui a lui-même la nationalité luxembourgeoise, avait pesé de tout son poids pour que cette visite d'État ait lieu. Mais à son grand dam, la consigne de porter le smoking n'a pas été passée. Les hommes étaient donc en costume de ville, à côté des femmes venues en robe longue... Stéphane Bern y voit la main d'Alexis Kohler, exemple type de « ces énarques pur jus, des doctrinaires ». À ses yeux, le président est trop corseté par ce genre de conseiller.

Kohler a tout de même quelques défenseurs. Dans une bibliothèque de son bureau, on trouve une photo en noir et blanc le montrant au côté de Philippe Grangeon. Les deux hommes se voient régulièrement. Grangeon, ancien de l'Élysée, tient le secrétaire général en très haute estime. Étonnant, tant les deux hommes sont le yin et le yang. Passé par des cabinets de gauche et la CFDT, Grangeon est l'homme qui murmurait à l'oreille des syndicats. L'antithèse de la réforme brutale, la conscience de gauche du président. Mais malgré leurs différences, ils ont, avec Kohler, des valeurs communes.

Philippe Grangeon ne sous-estime pas la complexité du personnage. Peut-être un trait venu d'Orient. Alexis Kohler est né d'un père catholique alsacien et d'une mère juive d'Haïfa. Un alliage riche et composite, classique et révolutionnaire à la fois.

Complexité et obscurité. Ce clan des Technos dont le secrétaire général est la figure de proue aime opérer dans l'ombre. Alexis Kohler est un intime d'Ismaël Emelien, qu'il a beaucoup associé à la campagne. À ses yeux, le jeune homme friand de marketing politique est un génie à la valeur méconnue, mais qui fait bien de rester discret.

Kohler couve aussi Julien Denormandie, son ancien adjoint au cabinet de Macron à Bercy. Entre eux, les deux hommes parlent parfois un drôle de langage, assez hermétique pour d'autres. Témoin, une réunion avant le meeting de la Défense. Ce jour-là, Denormandie lance à Macron : « Il faut absolument que tu annonces le *frontload* de la PPA. » À part Kohler, qui semble avoir parfaitement saisi, d'autres se regardent d'un air éberlué. Ils comprendront plus tard que Denormandie, dans sa langue de start-uppeur, voulait parler du triplement dès l'été du plafond de la prime de pouvoir d'achat, la fameuse « prime Macron » mise en place après les gilets jaunes...

L'affrontement entre les Technos et leurs détracteurs est une habitude entre ces murs. Un conseiller élyséen le résume d'une formule : « Les mousquetaires du roi contre les gardes du cardinal. » Une référence aux ennemis mortels des mousquetaires, dans le roman d'Alexandre Dumas. Les gardes du cardinal sont les technocrates, les mousquetaires sont plus créatifs.

Rien de neuf sous la Ve République. De Gaulle demandait à des conseillers de se surveiller mutuellement. Pompidou a subi, lui, une rivalité entre clans. Michel Jobert et Édouard Balladur, qui se sont succédé au secrétariat général de la présidence, étaient les technos : de grands commis de l'État, courtois et en extase devant le successeur du Général. Pierre Juillet et Marie-France Garaud étaient, eux, les conseillers politiques : le couple des basses œuvres et des magouilles. En 1969 comme en 2022, deux fronts cohabitent à l'Élysée.

Tous les présidents se sont ménagé des « saltimbanques », comme certains membres du cabinet s'appellent eux-mêmes. Un contre-regard, à défaut de contre-pouvoir. Pour éviter de s'enfermer dans une seule vision. Macron l'a très bien compris, lui qui a pris l'habitude de demander à quinze personnes différentes leurs avis sur le même sujet. Cela n'empêche pas certains de ses correspondants extérieurs de redouter un enfermement. Comme l'écrivain François Sureau, qui s'alarme, à l'approche de la réélection du président, du risque d'accaparement du pouvoir par un « centrisme technocratique » qui empêcherait toute une partie des Français de se sentir représentés.

À force, le chef de l'État a appris à connaître chacun de ses conseillers, leurs forces et leurs faiblesses. Il sait comment untel ou untel va réagir en réunion. Or, il aime quand il est surpris. Quand, autour de la table, l'émulation se transforme en bataille, le pôle communication d'un côté, le pôle diplomatique de l'autre, il en est ravi, assouvi. Gare à ceux qui ne proposent rien. Certains, qui connaissent bien leur président, se concertent même en amont des réunions pour être sûrs d'arriver avec des options différentes. Le chef ne déteste rien de plus que les propositions lisses ou similaires. Avec Macron, ceux qui n'ont pas d'idée sortent du circuit, même s'il ne leur annonce jamais en face.

Alexis Kohler, lui, est l'un des rares à être restés à l'Élysée cinq ans durant. Tenir les manettes n'est pas pour lui déplaire, et tant pis s'il faut encaisser les critiques qui courent dans Paris. Le secrétaire général s'est habitué à avoir le dos large. Le producteur Jean-Marc Dumontet, proche du président, s'agace qu'on le charge d'autant de péchés. « Kohler c'est Macron, et Macron c'est Kohler », tranche-t-il.

L'intéressé se fait plus fataliste. Alexis Kohler va jusqu'à prendre des accents sacrificiels : « Quand vous participez à la décision, vous devez accepter d'être le paratonnerre de déceptions. » La foudre n'a pas fini de frapper.

Et TF1 fit copain copain

« Monsieur Macron, pourquoi refusez-vous les invitations de France 2 ? » Six jours avant le premier tour, la Société des journalistes (SDJ) de la deuxième chaîne interpelle le président dans une lettre ouverte. France 2 espérait la présence d'Emmanuel Macron le lendemain dans son émission *Élysée 2022*, à laquelle tous les candidats ont accepté de participer. Il n'en sera rien. Depuis le début de la campagne, il refuse obstinément de se rendre dans une quelconque émission de la Deux.

Cette bouderie dure depuis le début de son quinquennat : Emmanuel Macron n'a donné que deux interviews exclusives à France 2. C'est qu'il est fâché avec la chaîne. Lui, l'hypermnésique, n'a pas oublié des choix éditoriaux qui ont eu l'heur de lui déplaire. Par exemple, quand le journal de 20 heures d'Anne-Sophie Lapix a relégué en fin d'émission son discours devant le Congrès américain, en avril 2018. Ou quand le magazine *Complément d'enquête* s'est intéressé de près aux amitiés du couple présidentiel. Dès l'automne 2017, un reportage sur Brigitte Macron soulignait le rôle de Mimi Marchand, papesse des infos people, dont l'agence Bestimage supervise les clichés des Macron, et pointait le fait que des photos de la première dame auraient été retouchées avant d'être envoyées aux agences de presse... À l'hiver 2022, *Complément d'enquête* diffuse coup sur coup un sujet sur Mimi Marchand, puis un autre sur les dîners du ministre Macron à l'époque Bercy, des agapes qui lui ont servi de tremplin dans le petit milieu parisien.

Pourtant, dans ses discours de campagne, Emmanuel Macron aime se faire l'apôtre de « la liberté de la presse » face à une Marine Le Pen décrite comme autoritaire. C'est sans doute pour cela que son entourage nie toute fâcherie envers France 2, contre l'évidence. Macron finira tout de même par se rendre sur le plateau d'Anne-Sophie Lapix, très tard, à trois jours du second tour. Mais quand le nom de la journaliste circule pour animer le débat, la possibilité d'un veto présidentiel est palpable. « On laissera Marine Le Pen s'en charger », lâche néanmoins un conseiller élyséen dans un sourire carnassier. Il se trouve que la candidate RN n'apprécie pas non plus Lapix... France 2 proposera plutôt Léa Salamé pour le débat.

Les sujets de tension avec le service public ne sont pas seulement éditoriaux. Comme plusieurs candidats à la présidentielle, Emmanuel Macron a intégré dans son programme la suppression de la redevance. Il l'a même annoncée dès son premier déplacement de candidat, à Poissy, le 7 mars. Ce soir-là, au QG de campagne, certains gradés ouvrent de grands yeux. Il n'était pas prévu que le candidat révèle dès maintenant cette mesure, au détour d'une phrase, alors qu'il n'a pas encore présenté son projet... Macron est coutumier de ce genre de petite surprise, qui lui procure l'agréable impression de rester maître des horloges. Qu'importe, il faudra s'adapter, et assurer tout de suite le service après-vente.

Gabriel Attal s'en charge dès le lendemain, ce qui lui vaut un pénible moment. Invité de la matinale de France Inter, le porte-parole du gouvernement trouve, en arrivant à la Maison de la radio, le ban et l'arrière-ban de la station, bien décidés à en découdre. Les discussions sont musclées, et se poursuivent dans le studio. Attal essuie un feu roulant de questions de Nicolas Demorand et Léa Salamé, qui s'émeuvent d'une telle menace à l'indépendance de l'audiovisuel public.

Depuis longtemps, la suppression de la redevance est actée dans le cerveau d'Emmanuel Macron. Et non négociable. D'abord parce que cette contribution à l'audiovisuel public figure sur l'avis de taxe d'habitation, supprimée au cours du quinquennat. Ensuite, parce que c'est une mesure de pouvoir d'achat. Enfin, parce que le président veut mettre la pression sur France Télévisions et Radio France. Il faut les « challenger », dit-on dans son entourage.

Dès la fin 2017, Emmanuel Macron s'était livré à un réquisitoire contre le service public devant des députés de la commission des affaires culturelles. Certains l'avaient même entendu parler de « honte de la République ». L'expression résume tout à fait l'état d'esprit du chef de l'État à l'égard de ce qu'il n'est pas loin de considérer comme un mammouth lourd, inefficace et générateur de gâchis.

L'Élysée a donné le ton dès le début du quinquennat. D'autant que l'audiovisuel fait partie des marottes d'Alexis Kohler, le deuxième cerveau du président. Delphine Ernotte, la patronne de France Télévisions, et Sibyle Veil, son homologue de Radio France – une camarade de promotion de Macron à l'ENA – tentent de répondre à la commande, tout en composant avec un climat social toujours éruptif. L'audiovisuel public doit devenir un média global en mettant le paquet sur le numérique. Les doublons doivent sauter. Les antennes locales de France 3 doivent converger avec France Bleu.

Autant dire que quand Emmanuel Macron annonce vouloir supprimer la redevance, les patronnes des groupes publics se sentent bien mal récompensées. Jean-Marc Dumontet, un proche du président en charge d'assurer le lien avec le monde de la culture, doit déminer les critiques. Quand il rencontre Delphine Ernotte, le 21 mars, il tâche de la convaincre que la redevance relève du « fétichisme », et qu'elle n'assure en rien un budget automatique au service public, puisqu'elle est votée chaque année par le Parlement. Son interlocutrice ne fait pas d'esclandre, mais demande des garanties.

Reste que la décision de Macron alimente une petite musique qui court dans Paris depuis le début de son quinquennat : le président de la République n'apprécie pas le contenu des antennes publiques. C'est vrai pour France 2, c'est vrai aussi pour la radio. Historiquement, Emmanuel Macron est un auditeur d'Europe 1. On murmure qu'il est agacé par France Inter, station au statut prescripteur dans le petit milieu politico-médiatique. Joseph Zimet, qui fut son conseiller en communication de 2019 à 2020, s'était mis en tête de le réconcilier avec la première radio de France. Mais les humoristes tendance bobo ne sont vraiment pas sa tasse de thé.

Avec les médias, Emmanuel Macron ne pratique pas l'interventionnisme à l'ancienne. Xavier Niel, actionnaire

– entre autres – du *Monde* et de *L'Obs*, a droit aux appels furieux de Nicolas Sarkozy quand un article déplaît à l'ex-président. Rien d'aussi direct avec Macron. Peut-être une question de génération. Cela n'empêche pas quelques accès de colère à l'Élysée. Alexis Kohler a passé un coup de fil quand *L'Obs* a mis en couverture un Macron entouré de fils barbelés, pour critiquer sa politique migratoire. Ou quand le magazine du *Monde* a représenté le président dans un photomontage reprenant maladroitement des codes de l'iconographie nazie. Dans tous les cas, Xavier Niel répète à ses interlocuteurs qu'il n'a aucun pouvoir sur la ligne éditoriale du *Monde*, dont la rédaction veille jalousement à son indépendance.

Mais le principal souci d'Emmanuel Macron dans l'univers des médias n'est pas sur sa gauche. Plutôt sur sa droite, du côté de l'empire que monte Vincent Bolloré. Le milliardaire breton a fait de CNews une chaîne à la tonalité résolument droitière, avec Éric Zemmour en tête de gondole. En montant au capital du groupe d'Arnaud Lagardère, il a mis la main sur trois médias incontournables dans le monde politique : *Paris Match*, *Le Journal du dimanche* et Europe 1. Bernard Arnault, première fortune de France et très proche d'Emmanuel Macron, a bien tenté de contrer l'offensive en volant au secours de l'héritier Lagardère, venant objectivement en aide aux intérêts du président. Mais le raideur Bolloré est le plus fort.

Entre lui et Macron, le malentendu est profond. Vincent Bolloré ne cherche pas seulement à faire entendre ses convictions libérales-conservatrices dans le PAF. Il s'estime aussi maltraité par le chef de l'État. Pas assez soutenu dans ses déboires judiciaires liés à sa filiale en Afrique. Pas assez favorisé par la réglementation sur les médias, alors qu'il veut bâtir un groupe de contenu européen face à la puissance des géants américains.

Un homme tente de jouer les entremetteurs. Sur la terrasse de l'Élysée, en septembre 2020, Nicolas Sarkozy dîne avec Vincent Bolloré et Emmanuel Macron. Leurs compagnes sont là aussi. Mais cela ne suffira pas à dissiper la discorde. La défiance affleure, y compris chez Sarkozy. C'est un ami de Vincent Bolloré, plus encore d'Arnaud Lagardère, qui l'a nommé au conseil d'administration de son groupe. Quand Bernard Arnault est intervenu, Sarkozy y a vu une manœuvre de Macron dans son dos. La première fois qu'il a soupçonné le président de double jeu.

« Macron en veut à Bolloré d'avoir fait ce que personne n'avait fait : donner un média à l'extrême droite », résume Alain Minc, l'emblématique consultant de l'*establishment*. Et le chef de l'État n'y peut pas grand-chose. Même si, avec CNews, la Macronie a ses officiers traitants. Dans son bureau de l'Élysée, Bruno Roger-Petit, ancien sociétaire de l'émission de Pascal Praud, échange régulièrement avec l'animateur. Depuis la questure de l'Assemblée nationale, le député Florian Bachelier, un Breton proche de « BRP » et de la plume Jonathan Guémas, se rend parfois dans le talk-show. Mais le dialogue a ses limites. Depuis la rentrée 2021, CNews consacre un temps d'antenne immodéré à Éric Zemmour et met plus que jamais en avant des thèmes anxiogènes. Cela agace l'Élysée. Pascal Praud insistera jusqu'au bout pour que le président-candidat vienne sur son plateau, en vain.

Car, avec les médias, Emmanuel Macron a sa méthode : il récompense ou il punit. Quand il n'aime pas, il boude. Il vient quand il a confiance. C'est ainsi qu'il a, pendant son quinquennat, pris allègrement ses quartiers sur TF1. Il faut dire que la Une a déployé toute une stratégie pour attirer régulièrement le président sur son antenne. L'opération séduction commence dès l'automne 2017, quand le président accorde sa première interview télévisée à TF1 et LCI, la chaîne info du même groupe. Devant les caméras, Gilles Bouleau, Anne-Claire Coudray et David Pujadas mènent l'entretien. On ne le voit pas à l'antenne, mais ce jour-là, tout l'état-major de la première chaîne s'est déplacé à l'Élysée, à commencer par Gilles Pélisson, le PDG, et Thierry Thuillier, le directeur de l'information.

Ce journaliste réputé est à la manœuvre pour pousser les pions de sa chaîne. Il tisse une relation régulière avec l'Élysée, passe des coups de fil, propose des formats. Ses homologues du service public n'ont pas créé la même ligne directe, loin de là. Entre les murs du Château, on rit encore de ces courriers formels, de vraies lettres en papier à l'ancienne, envoyées par des responsables de France Télévisions pour solliciter une interview présidentielle.

L'histoire d'amour entre TF1 et l'Élysée atteint un summum en décembre 2021 quand, à quatre mois de l'élection présidentielle, la chaîne offre une exposition en prime time à Emmanuel Macron pour dresser un bilan de son quinquennat. Le journaliste de LCI Darius Rochebin, qui négociait depuis longtemps un format avec la communication élyséenne, est aux commandes avec Audrey Crespo-Mara. Même raccourcie de quarante minutes au montage, l'émission est jugée assez lisse : jamais Macron ne se retrouve vraiment en danger. À l'Élysée, on l'admet volontiers, mais on considère qu'il fallait passer par cette case en amont de la présidentielle.

Entre décembre et le premier tour, le président-candidat ne se rend pas moins de quatre fois sur TF1, alors qu'il ne met pas les pieds sur France 2 ni BFM TV. On retrouve la trace de la première chaîne jusque dans ses déplacements de campagne. À Dijon, le 28 mars, quand il échange avec des acteurs associatifs des quartiers, l'un des modérateurs du débat est Samira Djouadi... déléguée générale de la Fondation TF1. Dans l'entre-deux-tours, quand Emmanuel Macron se rend à nouveau sur le plateau du *20 heures*, le 13 avril, tout l'état-major de la chaîne vient même souhaiter son anniversaire à Brigitte, qui fête ses 69 ans !

Faut-il voir dans ce lien privilégié une connivence avec Martin Bouygues ? Au contraire de Nicolas Sarkozy, Emmanuel Macron n'est pas un ami du propriétaire de TF1. Leurs relations n'étaient même pas au beau fixe au début du quinquennat. Le président connaît bien mieux Didier Casas, le secrétaire général du groupe, un conseiller d'État qui s'était engagé à temps plein dans sa campagne de 2017 pour façonner son programme sur les sujets régaliens. Mais l'homme n'a pas décroché de poste dans l'organigramme du pouvoir macronien, et n'a pas pris part à cette deuxième campagne.

En réalité, dans le Paris des affaires et des médias, on cancane surtout sur le soutien de l'Élysée au grand projet qui agite le monde audiovisuel : la fusion de TF1 et M6, initiée par les états-majors des deux groupes. Alexis Kohler a épousé le narratif officiel : il faut un géant français pour contrer la puissance des Netflix, Disney et autres Amazon Prime. Une version plus officieuse veut qu'Emmanuel Macron voie d'un bon œil la formation d'un géant médiatique qui viendrait faire contrepoids à l'empire Bolloré. Les grandes manœuvres sont loin d'être terminées.

Frissons

« C'est la panique sur le périphérique », chantait Manu Chao. En quelques jours, la Macronie est passée de la frivolité à la fébrilité. Pour ceux qui pensaient avoir déjà gagné – l'humilité dans ce monde est une vertu assez rare –, c'est assez brutal. À quelques jours du premier tour, soudain, la machine semble s'être enrayée. Dans les « rollings » (ces sondages qui scrutent les intentions de vote jour par jour), les courbes de Macron et de Le Pen se rejoignent peu à peu. La candidate, rongeur patient et déterminé, grignote, quand le président s'affaisse, lentement mais sûrement. Même au second tour, un sondage Elabe donne Le Pen à 47,5 %, Macron à 52,5 %. Début mars, le président distançait sa rivale de plus de vingt points...

Alors, dans les troupes, on gamberge pour conjurer ce vilain présage qui se dessine. Le dernier lundi avant le premier tour, au QG de la rue du Rocher, le comité de campagne se réunit, comme chaque semaine, pour débattre stratégie et orientation. Officieusement, il s'agit surtout d'occuper tout ce beau monde : parlementaires, ministres, soutiens historiques ou ralliés de la dernière heure. De toute façon, le patron n'est même pas là pour les écouter.

Ce soir-là, en ouvrant la réunion, Richard Ferrand et Julien Denormandie commencent par se féliciter du meeting de la Défense, et encouragent à tout donner dans la dernière semaine avant le second tour. Éric Woerth, récent transfuge de LR, ouvre son micro : « OK, mais quelle est la ligne face à Le Pen ? » Il rappuie aussitôt sur le bouton. Un ange passe.

Le débat s'engage, chacun y va de son analyse. « Le TSM [tout sauf Macron] peut marcher, comme ça a marché contre Giscard, contre Sarko », alerte Jean-Pierre Raffarin. À vrai dire, l'ancien Premier ministre ne comprend pas pourquoi le président suscite tant de haine. Mais pour la conjurer, il l'appelle à descendre de son donjon : « Il faut qu'il ne soit pas au-dessus, mais au milieu des Français. » Raffarin se félicite d'ailleurs des récents déplacements du candidat à Dijon ou en Charente-Maritime.

Le garde des Sceaux, Éric Dupond-Moretti, semble renfiler sa robe d'avocat. « Le combat contre Le Pen est important. Il faudra réinterroger l'histoire », gronde-t-il. Et de renvoyer Le Pen à Charles Maurras, l'un des pères du nationalisme et de l'Action française. Une position à l'ancienne qui ne convainc pas tout le monde, loin de là. Nombre de macronistes sont plutôt pour se battre projet contre projet. « Le Pen est constante dans ses fondamentaux, mais variable dans ses propositions », remarque François Patriat, qui pense aux positions de la candidate sur l'Europe ou l'Otan. « Il faut dire que le projet de Marine Le Pen est ruineux et que les victimes de l'extrême droite sont toujours les femmes, les étrangers et les minorités sexuelles », martèle Gabriel Attal. Sébastien Lecornu appelle, lui aussi, à prendre une par une les mesures de l'adversaire pour les démonter sur le fond.

Renaud Muselier, qui a gagné les régionales en Paca l'an passé en faisant alliance avec la Macronie, se veut rassurant : « Il ne faut pas paniquer pour rien. Nous, on a connu ça, on nous avait dit à la veille du premier tour que Thierry Mariani allait gagner, et en fait non. » Gérald Darmanin, lui, pense à la suite : « On n'arrivera pas à faire bouger les choses avant dimanche. La question, c'est : qu'est-ce qu'on dit le soir du premier tour ? Le discours est très important. Il faut dire qu'on a compris, qu'on a entendu le message. »

Le climat est d'autant plus anxiogène qu'un fait divers est venu percuter la dernière ligne droite de l'élection. C'est l'affaire Jeremie Cohen, du nom de ce jeune homme de confession juive tué, percuté par un tramway, alors qu'il tentait de fuir ses agresseurs. Le drame s'est déroulé à Bobigny, mi-février 2022, mais une vidéo de la scène vient d'être révélée, relayée par Éric Zemmour. Les images, qui montrent le trentenaire acculé et violemment frappé, avant d'être renversé, suscitent colère et émotion. Quel en sera l'impact électoral ?

Quelques heures avant le comité de campagne, les principaux stratèges de la majorité se sont réunis à l'Élysée, comme tous les lundis. Un spectre plane sur la réunion : « Papy Voise ». En 2002, trois jours avant le premier tour, ce retraité est violemment frappé dans sa maison, à Orléans. Les images de son visage tuméfié, en pleurs, bouleversent la France entière. Et contre toute attente, le 21 avril, Jean-Marie Le Pen accède au second tour de la présidentielle, à la place de Lionel Jospin. Gabriel Attal souligne qu'il ne faut pas traiter l'affaire Cohen avec la distance du président, mais avec la sensibilité du candidat. L'Élysée fera savoir que le cabinet du chef de l'État a contacté la famille de la victime.

Il est trop tôt pour mesurer l'impact du drame sur le scrutin. Mais l'épisode a ajouté à l'anxiété générale : une candidate d'extrême droite très haute, un président qui fait campagne du bout des lèvres et une élection qui ne prend pas, alors que les médias sont tournés vers l'Ukraine. Sans compter le risque de démobilisation, Macron étant donné vainqueur depuis toujours. « Il a déjà gagné, votre candidat ! » entend Stanislas Guerini, le patron du parti présidentiel, sur le terrain. Ça le préoccupe, il le dit aux journalistes. À six jours du scrutin, il ne s'agit plus de coquetterie.

L'angoisse se propage aux troupes, elle est palpable dans les messages que l'on s'envoie fébrilement en Macronie. « Je suis inquiet », écrit à ses interlocuteurs Christian Dargnat, le discret banquier de Macron. Pour lui aussi, l'affaire Jeremie Cohen peut avoir les mêmes ressorts que pour Jospin en 2002. L'artisan des levées de fonds transmet à ses contacts un argumentaire anti-Le Pen de sa composition.

Sur la boucle du « burex », le bureau exécutif de LREM, la référente du parti présidentiel en Corrèze rapporte les nombreux arrachages d'affiches Macron, signe selon elle de « la haine » qui agite une partie du pays. « Je me faisais exactement la même réflexion en faisant le tour des panneaux de mon arrondissement », rebondit Sibeth Ndiaye, l'ancienne porte-parole du gouvernement. Un autre référent soupçonne une « directive nationale des GJ », les gilets jaunes, pour s'attaquer aux affiches.

La paranoïa guette. Dans une autre boucle, on s'inquiète de ces confidences en *off* de ministres et députés désœuvrés, qui critiquent dans la presse une campagne qui patine. Certains contre-attaquent, soucieux de se poser en bons élèves. La députée Aurore Bergé sermonne ainsi le régiment : « Je ne sais pas où faire passer ce message donc je vais tenter ici. Parce que franchement, à six jours du premier tour, il faut être sacrément irresponsable pour polluer à ce point la campagne. On n'est plus interrogé que sur ce sujet, “le vent de panique”, “l'angoisse”, “la fébrilité chez les macronistes”. Vraiment, si certains se sentent fébriles, qu'ils se taisent ! Ce petit jeu est malsain et dangereux. Entretenir cette petite musique est profondément irresponsable ! »

Ainsi vont les angoisses et les déchirements dans le camp du président, alors que le premier tour se rapproche, et avec lui le sentiment de plonger dans l'inconnu. Le vendredi soir, à quelques heures de l'arrêt officiel de la campagne, la dernière livraison publique du « rolling » Ifop tombe. Les courbes se sont encore rapprochées : Macron est à 26 %, Le Pen à 24 %. Deux petits points d'écart.

Le QG a cracké

Le 6 avril, à quatre jours du premier tour, un message est envoyé solennellement à la presse sur Telegram, via la boucle dédiée aux journalistes qui suivent la campagne d'Emmanuel Macron. « *Bonjour à tous. La soirée électorale du premier tour de l'élection présidentielle, ce dimanche 10 avril, se tiendra à partir de 17 heures au Paris Event Center, situé au 20, avenue de la porte de la Villette, dans le XIX*e *arrondissement de Paris. Les précisions techniques ainsi que le déroulé seront transmis ultérieurement par mail.* »

Mais qui a eu cette idée lumineuse ? La porte de la Villette, c'est à deux pas... de l'épicentre du crack parisien. Un lieu au cœur de l'actualité, tant la situation est dramatique, et tant les riverains sont exténués et en colère contre l'État.

Le lendemain, 7 avril, un déjeuner de travail est organisé à l'Élysée. Autour du président, quelques ministres, autant de conseillers, et une présence très remarquée, car exceptionnelle dans ces agapes de campagne : Brigitte Macron. Le repas est stratégique, il s'agit de plancher sur la tactique de l'entre-deux-tours qui approche à grand pas.

Mais l'épouse du président ne peut s'empêcher de tempêter : « C'est n'importe quoi ! Vous vous rendez compte, à côté de la colline du crack ? » La première dame explique

que si le président va porte de la Villette, il va falloir nettoyer la zone, un lieu où rien ne se passe depuis des mois ! Les riverains, et au-delà, ne manqueront pas de dénoncer ce deux poids deux mesures de l'État, jusqu'alors impuissant. Bref, la polémique est garantie.

Avant Brigitte Macron, Patrick Strzoda, directeur de cabinet du président, avait sonné l'alarme, au diapason de la préfecture de police. Mais la femme du chef de l'État pose des mots sur une évidence à laquelle étrangement, peu avaient pensé. Tel est le rôle de Brigitte Macron dans cette campagne. « Elle est la vigie et la reine du bon sens », vante Clément Léonarduzzi. Le bon sens ou le sens du réel, pas les qualités premières de certains macronistes.

« Déconne pas, Michel ! »

« Je ferai 27 %, Le Pen 23 %. » Vendredi, avant-veille du premier tour, Emmanuel Macron est catégorique. Sûr de lui, au point de pronostiquer son score. À un interlocuteur qui estime qu'il finira plutôt à 24 %, Emmanuel Macron rétorque : « Non, les sondages se gourent. »

Le chef de l'État est dans les locaux du média en ligne Brut, auquel il vient d'accorder sa dernière interview avant la période de réserve. Après l'émission, la conversation s'est engagée avec un petit aréopage, autour d'un whisky.

La fébrilité de son camp n'a pas échappé au président, et ça l'exaspère. Dans les études d'opinion, l'écart est de plus en plus serré. Plus important encore, la dynamique est du côté de Marine Le Pen, quand Emmanuel Macron se tasse. Ce vendredi soir, il part pour Le Touquet. Il va travailler son discours, puis fermer les écoutilles.

Dimanche matin, une petite musique anxiogène le rattrape. Les scores écrasants de Jean-Luc Mélenchon aux Antilles, qui ont voté plus tôt, ne présagent rien de bon. Pire, en milieu d'après-midi, une première estimation Ifop circule sous le manteau. Elle donne Macron et Le Pen à égalité : 24/24.

Mais le président poursuit sa tournée touquettoise, comme si de rien n'était. À la mi-journée, il a bien pris son temps pour voter, histoire de saturer les écrans. À 16 heures, après un déjeuner dans la villa de Brigitte Macron, le couple sort discrètement dans un van blanc, direction le bord de mer. Le chef de l'État ne vient pas d'être enlevé, il a juste envie de se détendre. Une heure plus tard, le président part enfin pour Paris.

Pendant ce temps-là, l'équipe de campagne a déplacé le QG au parc des expositions de la porte de Versailles, loué pour la soirée électorale. En fin d'après-midi, dans le carré VIP à l'étage, l'ambiance est morose. Certains sont carrément furieux, et ne se privent pas de le dire, loin du regard des journalistes, parqués dans l'immense hall du bas. En cause, l'organisation « foireuse ». Richard Ferrand et Christophe Castaner fulminent quand ils comprennent que le briefing des porte-parole a lieu avant la réunion du comité de campagne. Normalement, c'est le comité qui doit fixer la ligne, qui servira justement à briefer les porte-parole ! Déjà que cette armée mexicaine censée réfléchir à la stratégie se sent souvent inutile, là, c'est carrément un affront.

Et puis l'humeur générale est exécrable, car les tendances ne sont pas bonnes. Quand le comité se réunit, l'unique sondage donne toujours Macron à égalité avec Le Pen, à 24 %. Ils sont une petite quarantaine, des ministres comme Bruno Le Maire, des élus fidèles comme François Patriat, des ralliés de la dernière heure accueillis en apparence avec œcuménisme. Manuel Valls et Jean-Pierre Raffarin ont la mine fermée, Julien Denormandie est livide.

Richard Ferrand, qui dirige l'instance, prend la parole d'un ton grave. C'est à lui d'ouvrir le débat, au regard de ces chiffres décevants. À vrai dire, il n'y a pas vraiment de débat. Le président de l'Assemblée nationale lit les éléments de langage qu'Alexis Kohler lui a fait transmettre par Julien Denormandie. Un peu humiliant pour Ferrand, le général en chef de la Macronie, mais il s'exécute. Le mot d'ordre, c'est qu'il faut positiver. Après tout, récite-t-il, le président a bien tenu, il n'a pas perdu de voix par rapport à la dernière fois, et il s'est tout de même qualifié pour le second tour. Consigne est aussi passée d'insister sur la participation, plus forte qu'espérée, alors qu'elle est presque aussi basse que le 21 avril 2002. « Le désastre démocratique et participatif n'a pas eu lieu », débite Ferrand.

On discute ou on marmonne, on s'accroche à son téléphone, dans une ambiance de plomb. Pendant près d'une heure, dans la pièce, c'est l'angoisse. Puis soudain, vers 19 h 30, on tressaute. Une estimation OpinionWay donnant Macron à 30,4 % semble tomber du ciel. « C'est un *fake*, arrêtez », lâche Julien Denormandie, sceptique. Gabriel Attal, qui s'apprête à partir pour TF1, n'ose pas y croire non plus. Ils sont fébriles, ça semble trop beau. Mais dans la foulée, certains se dressent sur leurs chaises pour signaler que d'autres estimations rapportent la même chose. Pour l'Ifop et l'Ipsos, Macron est en tête, quatre points devant Le Pen. François Bayrou, qui fulmine depuis un bon moment, explose : les amis, ça fait une heure qu'on commente de mauvais chiffres, changeons de propos ! 20 heures approchent, ils n'ont plus que quelques minutes pour élaborer un nouveau discours et, cette fois, ils ne feront pas semblant d'être satisfaits. C'est l'ascenseur émotionnel : à l'accablement succède l'euphorie.

*

18 heures à l'Élysée. Loin de la fébrilité de la porte de Versailles, Emmanuel Macron est peu entouré. Il a pris ses quartiers dans le salon d'angle, moins pompeux que son bureau d'apparat, le Salon doré. Depuis 2017, le président préfère travailler dans cette ancienne chambre de l'impératrice Eugénie, malgré la légende qui a fait de cette pièce « le bureau qui rend fou » : l'orgueilleux Henri Guaino, ex-plume de Sarkozy, et le bouillonnant Aquilino Morelle, conseiller déchu de l'époque Hollande, s'étaient battus en leur temps pour l'occuper.

À cet instant, Emmanuel Macron est plutôt serein. Le candidat n'a fait venir qu'une personne, Jonathan Guémas, prévenu en fin d'après-midi par son secrétariat. La plume met la dernière main au discours, sous l'œil omniscient d'Alexis Kohler, qui s'éclipsera pour s'isoler dans son bureau avec Ismaël Emelien. Comme un symbole de cette campagne : les Technos complotent dans une pièce tandis que le Scénariste cogite sur le discours public dans une autre.

Une équipe de *Paris Match* vient interrompre la séance de travail, pour immortaliser l'instant. Quel contraste avec l'image de 2017, quand les journalistes avaient retrouvé Macron entouré de son épouse et de ses enfants, ainsi que de ses conseillers euphoriques. Cette fois, le candidat va poser seul. Il appelle bien Brigitte pour qu'elle le rejoigne, mais elle est occupée ! Sur le cliché de l'hebdomadaire, à moins d'une heure des résultats, le président est esseulé derrière son bureau, dans une pièce trop grande pour lui. Étrange photo, l'incarnation d'une campagne en solitaire.

Autre différence : alors que cinq ans plus tôt, Macron avait attendu quarante-huit heures avant son premier déplacement d'entre deux tours, il a cette fois prévu d'entrer immédiatement et intensément en campagne. Dans son entourage, certains historiques sont encore traumatisés par les débuts poussifs de la quinzaine de second tour, en 2017. C'est le cas de Julien Denormandie, qui a insisté ces derniers jours pour que Macron démarre en trombe. Son idée, c'est que le président se rende à Rungis, dès l'aube, le lendemain. En plus, Macron connaît bien Stéphane Layani, le directeur du marché international.

Le ministre insistera le soir même, porte de Versailles, mais le président lui répondra de façon assez sèche : « Ça ne sert à rien d'essayer de me faire faire un truc que je sens pas, parce que de toute façon, ça sera mauvais. » Macron craint de renvoyer une image de fébrilité. Il préfère laisser les Français et le système médiatique digérer d'abord les résultats. Dans ce genre de moment, la foire aux idées bat son plein. D'autres seront recalées : une matinale le lendemain, ou un déplacement le soir même au côté de travailleurs nocturnes. La philosophie reste de « tabasser » pendant deux jours, comme on le dit dans l'entourage présidentiel, mais Emmanuel Macron a déjà une longue journée lundi dans le nord de la France. Pas la peine d'en rajouter.

19 h 40. À l'Élysée, le président change de pièce, direction le salon vert. Il retrouve un petit groupe qui le congratule : Stéphane Séjourné, un historique de 2017, et un trio lourd de symboles : Thierry Solère, Sébastien Lecornu et

Gérald Darmanin. Trois hommes issus de la droite, au départ proches d'Édouard Philippe. Trois copains qui ont quitté LR pour Macron, et qui admirent en direct le parachèvement du grand œuvre entamé cinq ans plus tôt : la destruction du parti Les Républicains.

Les effusions sont brèves, il faut descendre dans la salle des fêtes où le personnel de l'Élysée s'est rassemblé. Ils sont tous là, les conseillers mais aussi les cuisiniers, les huissiers, les policiers, les gendarmes. À 20 heures, les écrans installés entre les dorures affichent les visages des deux finalistes. La salle applaudit. Un grand gaillard, officier de sécurité, est en pleurs. Soazig de La Moissonnière capte l'instant. Macron prend brièvement la parole : « C'est une première étape, rien n'est joué », et autres banalités d'usage.

Le président distribue son discours, c'est un privilège, personne ne l'a encore lu. Une petite cour avide se forme autour de lui. Le texte est censé être terminé, mais un bref ajout est noté au stylo, lourd de sens et de conséquences. Stéphane Séjourné, Thierry Solère et Sébastien Lecornu en sont à l'origine. Alors qu'Emmanuel Macron a prévu d'annoncer un « grand mouvement », le trio ajoute le mot « politique ». Puisque le président compte annoncer le nouveau parti qu'il veut créer, pour eux, il faut nommer clairement les choses. Histoire d'acculer ceux qui préféreraient continuer à cultiver leur propre jardin.

Dans leur viseur : Édouard Philippe, qui sait pertinemment que ce grand dessein vise à le neutraliser. Ironie de l'histoire, la manœuvre est fomentée par deux proches de l'ancien Premier ministre : Solère et Lecornu. Il fut un temps où, avec Darmanin, ils faisaient tous partie du « groupe Bellota », du nom du restaurant parisien dans lequel ils refaisaient l'univers. Une bande d'amis de droite, de la même génération, qui avaient quitté leur parti pour rejoindre Macron. Seulement voilà, Philippe a été renvoyé de Matignon, quand les autres ont pris du galon. L'amitié s'est fracturée sur le nouveau monde. Les uns sont dans le bureau du président, l'autre a pris le large.

Soudain, une alerte BFM TV annonce que Marine Le Pen va parler. Thierry Solère sort son iPhone, branche la chaîne info, et place l'appareil sous le nez du président. C'est sur ce petit écran tenu par son conseiller que Macron découvre le discours de sa rivale. La prise de parole de Jean-Luc Mélenchon est annoncée juste derrière. L'insoumis est la clé du second tour, fort de ses 22 % des voix. « Déconne pas, Michel ! » lâche Gérald Darmanin, guilleret. Le ministre est un fan de *Baron noir*. Dans la saison 3, le socialiste Philippe Rickwaert implore Michel Vidal, le Mélenchon de la série, en l'appelant ainsi au rassemblement : « Déconne pas, Michel ! »

Les deux fauves

Il est minuit et demi. Emmanuel Macron est rentré à l'Élysée, après sa soirée électorale porte de Versailles. Le président veille toujours, il pianote sur l'un de ses iPhone : *« Alors, votre analyse du premier tour ? »* Le candidat vient d'envoyer un message... à Nicolas Sarkozy. Après avoir passé la soirée avec ses plus proches conseillers, reçu des messages et analyses par dizaines, il a besoin de son expertise à lui. L'ancien président est devenu une sorte de sherpa occulte, de vieux sage, qu'il consulte régulièrement. L'ex le rassure plus sur certains sujets que son propre entourage.

Sarkozy n'est pas noctambule, et moins pressé que son successeur. Il est déjà couché, il lui répondra plus tard. Mais le lendemain matin, Macron s'impatiente. Cette fois il l'appelle. Il est 11 h 30. « Bonjour, président ». Nicolas Sarkozy décroche depuis son bureau de la rue de Miromesnil, la conversation dure une vingtaine de minutes. Les deux hommes commentent les résultats de l'élection, et la suite.

Le lendemain, l'ex va annoncer qu'il votera pour son successeur, comme prévu. L'ancien président va publier un communiqué, il s'expliquera ensuite dans *Paris Match*.

Au départ, l'idée de Nicolas Sarkozy était légèrement différente. Cela fait un moment que l'ancien président a acté qu'il soutiendrait Macron. Il n'a pas attendu la chute de Valérie Pécresse, ni même sa désignation au congrès des Républicains en décembre.

Dès la mi-novembre, il se confie à une connaissance, et lui expose son plan : « Je me range derrière Macron, il n'y a que lui. Tous les autres sont nuls. » Mais Sarkozy veut scénariser les choses. Il peint le tableau à son interlocuteur. D'abord, Macron appelle à un rassemblement national. Ensuite, l'ancien patron de l'UMP se rend à l'Élysée et, « sur les marches » du palais, précise-t-il sous un regard amusé, il appelle à voter Macron. En échange, poursuit Sarkozy, il aimerait bien que le président écoute ses conseils, pour une fois. Notamment celui-ci : qu'il nomme Christine Lagarde Premier ministre. L'actuelle présidente de la Banque centrale européenne est une femme de droite, mais avant tout une femme compétente, pense-t-il. Il entretient aussi une bonne relation avec elle, et la trouve - qualité rare dans ce milieu - loyale.

Nicolas Sarkozy appellera bien au rassemblement, c'était prévu. Mais la saynète élyséenne imaginée se transformera en simple communiqué. Quant à la nomination de Christine Lagarde comme Premier ministre, l'idée sera jugée bonne dans l'entourage du président, mais difficilement réalisable : la propulser à Matignon ferait perdre à la France la précieuse présidence de la BCE.

À droite comme en Macronie, on pense que Nicolas Sarkozy aurait dû rallier Emmanuel Macron avant le premier tour. Christian Jacob, le président du parti, l'en aurait dissuadé. Le coup aurait été fatal pour Valérie Pécresse, déjà à terre.

Quoi qu'il en soit, le président n'a pas attendu le parrain de la droite pour siphonner LR.

À la mi-mars, en revanche, il aurait bien aimé que l'ancien président se manifeste. À ce moment-là, Gérard Larcher, le président du Sénat, accuse Macron de vouloir enjamber la présidentielle. Pire, cette rare figure à droite va jusqu'à s'interroger sur sa « légitimité », en cas de réélection sans campagne. Le président fulmine. L'accusation, venant du troisième personnage de l'État, rencontre un écho. Macron aimerait bien que le commandeur Sarkozy rappelle à l'ordre le président du Sénat. Il n'en sera rien.

Selon ses besoins, Emmanuel Macron est plus ou moins en demande. À mesure que l'élection approche, il constate deux choses : d'abord, les intentions de vote pour Pécresse se réduisent comme peau de chagrin. Ensuite, tandis que Nicolas Sarkozy présente son dessein au président, un accord législatif grâce auquel il lui amènerait les élus LR sur un plateau, le conseiller Thierry Solère, lui, va les chercher un à un.

Pourtant, le soutien de Sarkozy, Macron a longtemps fait la danse du ventre pour l'obtenir. Il s'y est attelé dès son arrivée à l'Élysée. On ne compte plus les invitations à déjeuner. Souvent, le moment s'étire, puis on termine dans le jardin à fumer des cigares. Le président a aussi fait en sorte d'inviter toute la famille Bruni-Sarkozy, quand la petite Giulia voulait visiter le Château. Avant, il y avait eu l'appel de Macron, au décès de la mère de l'ancien président. Son successeur lui a même proposé une escorte de motards pour faciliter la circulation, le jour des obsèques. Nicolas Sarkozy est touché, lui qui estime avoir été si mal traité sous Hollande. Lui qui a souffert d'un ancien système qui voulait sa peau. Quel contraste avec l'accueil et les petites attentions de son successeur.

Sarkozy raconte que Macron lui a dit à plusieurs reprises, lors de leurs rencontres : « J'ai besoin de vous. » Le président a compris depuis longtemps que l'élection se jouerait à droite. Et pour parachever la fracturation de cette partie de l'échiquier, l'adoubement du fondateur des Républicains serait tombé à point nommé.

Et puis il y a ce petit détail : Sarkozy ne peut pas encadrer Pécresse. Le fondateur des Républicains considère qu'elle manque de fantaisie, qu'elle n'a pas les moyens de ses ambitions. « J'ai rarement vu quelqu'un avec aussi peu de talent », dit-il souvent. Ou encore : « Valérie, elle gagne pas à être connue. » Il pense aussi que c'est une traîtresse, une ingrate, elle qui à l'époque avait soutenu Alain Juppé à la primaire, alors que c'est lui qui l'avait faite ministre.

Pourtant, un épisode déroutant avait semblé sceller la réconciliation. En 2019, Nicolas Sarkozy remet à la future candidate la Légion d'honneur. Le discours de l'ex-président est dithyrambique : « Quitte à rêver, autant rêver grand, je sais que tu peux y arriver », clame-t-il devant une Pécresse groggy par tant d'honneurs qu'elle n'attendait pas. À un ami incrédule qui lui demandera le lendemain pourquoi il a décoré la présidente du conseil régional d'Île-de-France, Sarkozy répondra crûment : « Tu sais quoi, cette conne, elle a été assez conne pour me demander de lui remettre la Légion d'honneur. Mais qu'est-ce qu'elle est conne, elle ne sert à rien ! »

Au-delà de ces considérations très personnelles, le parrain de la droite constate, ensuite, qu'elle est mauvaise, et que sa campagne ne prend pas. Qu'elle a un problème d'incarnation. Qu'elle est d'une maladresse folle.

Il n'arrive pas à s'en cacher, d'ailleurs, même quand la droite attend encore un signal. À trois semaines du premier tour, il accompagne Emmanuel Macron à Toulouse, pour les commémorations des dix ans des attentats de Mohamed Merah. « En tout cas, on peut pas dire que je m'engage beaucoup pour Valérie », ne peut-il s'empêcher de lâcher, dans le Falcon présidentiel. L'équipe du chef de l'État, aux premières loges, savoure.

Entre une candidate en échec qu'il exècre, et ce président de centre droit bien parti pour être réélu, Nicolas Sarkozy a rapidement fait son calcul. Certes, à ses yeux, Macron a des faiblesses. Il considère qu'il parle plus qu'il ne fait, qu'il n'est pas assez ferme sur le régalien. Mais enfin, ils sont également compatibles sur plusieurs points. L'ex va donc soutenir Macron, mais en négociant un contrat de survie pour sa famille politique.

Il croit avoir trouvé la *combinazione* idéale. Conclure un accord législatif entre sa famille politique et Emmanuel Macron. À ses yeux, l'équation est simple : si LR veut survivre, gouverner, avoir des élus, il faut s'allier avec le parti du président.

Mais Nicolas Sarkozy ne peut pas sauver la droite malgré elle. À mesure que l'élection approche, il commence à réaliser que les troupes ne le suivront peut-être pas. Dans l'entre-deux-tours, les élus LR défileront dans son bureau. Certains trouvent l'idée sympathique, mais la balle est désormais dans le camp d'Emmanuel Macron. Compte-t-il vraiment intégrer les élus débauchés dans un nouveau gouvernement ? L'ancien chef de l'État est dans l'expectative. Il tente cependant de convaincre un maximum de ses amis, pour montrer au président qu'il a quelques troupes derrière lui.

Sarkozy et Macron appartiennent au même club fermé, celui des présidents. Un fil rouge les unit, au-delà du statut, celui du vécu. Certes, depuis le début, personne n'est dupe de rien. Mais les deux hommes ont construit une relation aussi régulière que singulière. Fondée sur une estime réelle, et des intérêts convergents. Ils aiment se flatter, chacun valorisant l'autre. Ils se reniflent, mais ils ne se rencontreront jamais vraiment, ils sont trop différents.

Pour le mâle Sarkozy, Macron est un mystère, une ambiguïté. Il le dit, régulièrement : « On ne sait pas qui il est. » Il constate, aussi, qu'Emmanuel Macron a toujours l'air d'accord avec lui. Mais qu'il n'applique que rarement ses conseils. Pourtant il n'a cessé, dans l'ombre, de lui en prodiguer. Lorsque le débat sur la réforme du système des retraites faisait rage, il l'a dit à Macron : « Quand seuls ceux qui l'ont conçue peuvent comprendre une réforme, c'est qu'on fait fausse route. »

Quand Emmanuel Macron veut remplacer Édouard Philippe à Matignon, cette fois, l'ancien président lui suggère de nommer Alexis Kohler. Il n'aurait pas fait ce choix pour lui-même, mais puisque le président cherchait un techno de confiance...

Officiellement, le prédécesseur se garde de gêner le chef de l'État par des déclarations intempestives. Il a autant besoin de lui que Macron de sa bienveillance. Pendant les gilets jaunes, il a pourtant jugé son successeur un peu mou sur le maintien de l'ordre. Et comme souvent, il a trouvé la réponse trop tardive, mais il est resté discret.

C'est en coulisse que Sarkozy sort le bazooka. Pendant la crise sanitaire, il ne se privait pas d'accabler le président, pour sa gestion désastreuse des centres de vaccination notamment. L'épisode a refroidi une relation déjà ambivalente.

Mais c'est surtout la séquence des régionales qui a particulièrement déplu à l'ancien patron de l'UMP. Il n'a pas supporté que Macron envoie son conseiller Thierry Solère négocier directement avec les barons de droite en PACA. Ses anciens ministres, ses amis à lui ! Pour Sarkozy, c'est sa démonétisation vis-à-vis de Macron. Il ne peut même plus appeler ses copains, comme s'il n'avait plus d'influence sur sa propre famille politique. Solère, lui, fera de la vente à la découpe sur ces anciennes terres sarkozystes.

Autre épisode de froid, le Rwanda. Nicolas Sarkozy, premier président à s'être rendu à Kigali depuis le génocide, a parlé à Macron de l'importance de reprendre un dialogue dynamique dès le début de son mandat. Mais il n'a aucunement été associé quand le président s'y est rendu. Pas invité sur place, pas cité dans son discours. Il estime pourtant être irréprochable et même aidant sur le plan international. Chaque fois qu'il se déplace à l'étranger, il prévient Emmanuel Bonne, le sherpa du président, et passe volontiers des messages. Évidemment, il n'en était rien sous Hollande. À l'époque, c'étaient les ambassadeurs qui se faisaient enguirlander s'ils avaient trop d'égards pour lui !

La haine

« Vous êtes machiavélique, manipulateur et menteur. » La violence de l'interpellation tranche avec la quiétude du décor et la chaleur de l'accueil. Deux jours après le premier tour, Emmanuel Macron est à Châtenois, en Alsace. Sur la place du village, le clocher chatoyant de l'église Saint-Georges en surplomb, le candidat vient de se faire applaudir, quand un homme l'invective brutalement. S'il est désarçonné, Macron ne le montre pas, et commence par répondre avec ironie : « Je vous remercie d'avoir plein d'arguments à mettre sur la table. » « On a été pris pour des moins que rien, des fainéants, des Gaulois réfractaires », lui rétorque l'habitant, qui ose soudain : « Je n'ai jamais vu un président de la Ve République aussi nul que vous. »

Comme toujours, le chef de l'État essaie d'instaurer un dialogue, mais rien n'y fait. L'homme lui parle de ses « casseroles », de « l'affaire Benalla ». « Vous êtes fou ! » Après plusieurs minutes de discussion, Macron perd patience, on sent qu'il n'est pas loin du dérapage. Pierre Cazeneuve, chef de cabinet de la campagne, transféré de l'Élysée pour l'occasion, s'interpose et met fin à l'échange qui a déjà duré trop longtemps.

On repense à cette phrase de François Patriat, pourtant l'un des plus énamourés du président : « Le seul truc qui pourrait faire basculer l'élection, c'est la haine de Macron. »

Rarement un président n'en aura suscité autant, réduit comme il est, plus qu'aucun autre, à une classe sociale. Nicolas Sarkozy aussi eut droit au « président des riches », mais il n'était pas à ce point enfermé dans une case. Malgré le yacht de Bolloré, l'enfance à Neuilly, les connivences avec les patrons, le rapport décomplexé à l'argent, il savait parler aux classes populaires. Et ses adversaires lui reprochaient davantage ses idées, et le fait d'avoir abîmé la fonction.

À gauche, François Mitterrand le florentin était un homme froid et distant. Macron est tactile, accessible, et pourtant c'est Mitterrand qu'on appelait « tonton », alors que Macron est perçu comme arrogant. « Mitterrand avait la fascination du serpent, Macron a la fascination de l'ange », résume François Patriat. Le sénateur est l'un des rares à pouvoir raconter qu'il a joué au golf avec le défunt président socialiste. « Mitterrand, même quand il vous serrait la main, c'était de la glace. Et il fallait dire "Monsieur le président de la République", celui qui oubliait "de la République" était désintégré », se souvient quant à lui Bruno Roger-Petit, grand mitterrandien devant l'Éternel.

Emmanuel Macron, lui, a tout de suite été renvoyé à son passé de banquier. Quatre petites années chez Rothschild, quand Georges Pompidou en avait passé neuf, et que le successeur de De Gaulle roulait en Porsche. Pompidou passait aussi ses vacances à Saint-Tropez, avec Françoise Sagan, et jouait au poker avec Jacques Chazot, dandy homosexuel adepte des dîners mondains.

C'était une autre époque, c'est vrai. Mais Pompidou était populaire, Macron apparaît comme un bourgeois honni. La haine envers le président rappelle celle subie par Valéry Giscard d'Estaing, détesté par une partie de la droite qu'il avait bousculée, mais aussi par la gauche. *Le Nouvel Observateur* à l'époque l'avait caricaturé, couronne et perruque sur la tête, tel Louis XV.

Alors pourquoi tant de haine ?

Le premier de la classe

Pour l'entourage du président, c'est simple : il y a délit de belle gueule. Son conseiller Philippe Grangeon lui trouve « un petit côté Gérard Majax ». Le prestidigitateur auquel le président offrira une nouvelle notoriété en le mentionnant dans le débat d'entre-deux-tours. Comme le magicien star des années 1980, il réussit tout. Visage de minet, intelligent, aisé, parlant anglais couramment, littéraire, mélomane… Il a l'air bien dans sa vie, il incarne le succès.

Il est plus fort que tout le monde, même les épidémiologistes. Il est brillant, incollable sur ses dossiers, et il le montre. Il a tout lu, ses proches sont bluffés, ils le soulignent les yeux écarquillés : c'est invraisemblable.

Autant de raisons qui inspirent la jalousie dans un peuple profondément égalitariste. Et puis les Français aiment les blessures. Ils s'identifient plus facilement aux politiques qui ont vécu des épreuves, et qui arrivent à les dépasser. Le parcours initiatique classique, les échecs, l'homme qui a pris des coups et qui se relève : tout cela est étranger au président.

La difficulté de Macron dans sa relation aux Français, c'est qu'il n'y a pas cette proximité. « Les gens ont pu se dire : “Il n'est pas comme nous.” C'est vrai, il n'est pas comme nous », a constaté la conseillère Anne de Bayser après trois ans à l'Élysée. Conséquence : aux yeux de l'opinion, le président est condamné à réussir. Il n'y a pas cette sympathie, cette empathie qui l'autoriserait à se tromper.

Et puis, Emmanuel Macron a parfois l'air factice, surtout quand il surjoue la proximité. Comme dans cette émission en prime time offerte sur un plateau par TF1 mi-décembre, à quatre mois du premier tour. L'air affecté, les yeux baissés pour reconnaître qu'il s'est trompé, sans compter les gros plans : tout cela sonnait faux, de l'aveu même de certains proches.

Le banquier de Manhattan

Pour certains, Macron est le businessman chanté par Daniel Balavoine. L'homme de tous les Hilton de la terre, enfermé dans sa tour de verre à Manhattan. Jonathan Guémas, la plume élyséenne, a beaucoup planché sur le clivage désormais très documenté entre gagnants et perdants de la mondialisation. Et il le jure, le président n'est pas un *anywhere*, un de ces citoyens du monde à l'aise partout, enracinés nulle part.

Macron serait même un franchouillard. Qui chanterait Sardou à longueur de journée, quand ce n'est pas Ferré ou Johnny. Le président a pris l'habitude d'entonner quelques-uns de leurs tubes phares, avant ses allocutions, pour chauffer sa voix : *Vladimir Ilitch, Les Lacs du*

Connemara, L'Envie. Il connaîtrait *Les Tontons flingueurs* par cœur, et c'est vrai qu'il cite régulièrement les célèbres répliques d'Audiard. « On n'est pas venu pour beurrer les tartines », dit-il souvent. « Y'a pas que d'la pomme », s'amusait-il, cocktail au gin à la main, en visite à Nevers au printemps 2021. *Le père Noël est une ordure* figure aussi à son panthéon de films cultes. Comme Sarkozy, Macron est un grand fan de Christian Clavier.

Quand il ne porte pas les costumes du tailleur Jonas & Cie, choisi parce que ses articles sont élégants sans atteindre des prix délirants, son style vestimentaire est parfois déroutant, pas vraiment dans les clous de l'homme bien né possédant les codes. Ses conseillers se marrent parfois à montrer des photos de lui, blouson d'aviateur en cuir sur le dos, jean flottant, grosses baskets noires aux pieds. Et moquent sous cape un petit côté plouc.

À force de procès en déconnexion, Emmanuel Macron s'est efforcé de souligner ses racines. Il est né et a grandi à Amiens, ville du Nord, à la fois symbole de la bourgeoisie provinciale, mais aussi de la désindustrialisation et des fractures françaises. Tous les étés, il se rendait à Bagnères-de-Bigorre, dans les Hautes-Pyrénées, chez sa grand-mère Manette. Ses deux « centres de gravité », dit le président.

Certains de ses conseillers regrettent de n'avoir pas instauré un rituel d'ancrage. Macron n'a pas créé de pèlerinage, comme François Mitterrand et son ascension de la roche de Solutré. Il a essayé de se rattraper, en donnant un long entretien à la revue *Zadig*, en mai 2021. Lyrique, il y expliquait son rapport charnel au pays, évoquant les lieux de son enfance. Mais il a beau avoir tenté de raconter autre chose, l'étiquette de président hors-sol est difficile à arracher. Ce n'est que l'un des reproches.

Président des riches

Ceux qui le connaissent l'assurent : contrairement à ce que pensent les Français, Emmanuel Macron n'est pas fasciné par l'argent. Les puissants du CAC 40 ne l'éblouissent pas non plus. Alors que Hollande, ou *a fortiori* Sarkozy, rencontraient les patrons et traitaient avec eux, Macron les tient à distance. Prière de prendre plutôt rendez-vous dans le bureau voisin, celui du secrétaire général Alexis Kohler, qui nourrit une passion pour les meccanos industriels.

Faut-il y voir une petite vengeance ? Les maîtres du CAC 40 avaient surtout soutenu Fillon en 2017. Pour eux, il y avait une forme d'ambiguïté chez Macron. Le « en même temps » semblait flou pour la bonne santé du climat des affaires. Beaucoup le détestent, aussi. Ils ne comprennent pas pourquoi il s'est retrouvé président, et pas eux. Macron compte même plusieurs ennemis dans les milieux d'affaires, comme les banquiers Philippe Villin, qui selon *Le Monde* a propagé des rumeurs sur sa prétendue homosexualité, ou Matthieu Pigasse, avec lequel la rivalité est notoire.

Président vertical

Certains le reconnaissent, il y a une forme de distorsion entre la promesse de renouvellement des pratiques du début, et la verticalité qui s'est ensuivie. Le collectif, les organisations, Emmanuel Macron les a méprisés. Une faiblesse. Au point d'avoir montré un « côté un poil hégémonique » les premières années, confesse le social-démocrate Philippe Grangeon, très attaché au dialogue social. Une erreur de jeunesse, sans doute, pour ce président élu à 39 ans, qui ignorait beaucoup de choses de la France.

Le mal est profond, et aujourd'hui, Macron suscite toujours la haine d'une partie des Français.

François Patriat s'en est ouvert au couple présidentiel. « Il y a quelque chose qui déconne, a-t-il dit franchement à Macron. Comment peux-tu être aussi simple, chaleureux, et que les gens aient pourtant cette image de toi ? » Que lui a répondu le président ? « Il fait le pari de l'intelligence », répond évasivement le sénateur.

Cette image, Emmanuel Macron en a conscience. Cette haine, ce climat de violence ont toujours angoissé ses proches, Brigitte au premier chef. Désormais, Macron a peur des petites phrases. Elles ont disparu de son langage. Même à l'occasion de longs échanges sur le terrain, où la tentation est partout, le président se réfrène. Quitte à avoir l'air étrangement amorti. Le bavard fait très attention à ce qu'il dit.

À l'aube de la campagne présidentielle, son communicant Clément Léonarduzzi l'assure : la haine de Macron a été divisée par deux ou trois depuis le début du quinquennat. Les yeux rivés sur les enquêtes d'opinion, le communicant retient trois critères pour la quantifier : la très mauvaise opinion, le mécontentement, et le fait de ne pas faire du tout confiance, pour reprendre le vocabulaire des baromètres. Or, à la fin 2021, sur ces trois critères, Macron est à des niveaux inférieurs à ceux de Hollande et Sarkozy avant lui. Plus près de Mitterrand et Chirac.

Mis à part un bloc d'irréductibles qui le détestent, la haine serait donc réduite à sa portion congrue. Parce que les Français, grâce au « grand débat », grâce au « quoi qu'il en coûte » - qui aurait pu penser qu'un banquier d'affaires ouvrirait à ce point les vannes budgétaires ? - auraient appris à connaître ce président, inconnu en 2017... Mais comme sur le pouvoir d'achat ou la sécurité, il y a les chiffres d'un côté, le sentiment de l'autre. À mesure que l'élection approche, un stratège le concède : « On a tous dans nos entourages quelqu'un qui déteste Macron. Il est clivant, je le perçois et je le regrette. Et c'est tout l'enjeu de la campagne, c'est le sujet prioritaire. »

C'est le but du slogan « Avec vous », devenu « Nous tous ». Estomper cette image des élites d'un côté, et, de l'autre, des gens sur le bord du chemin.

Match retour

Tout les oppose, y compris leurs habitudes. Quand elle participe à une émission, Marine Le Pen arrive toujours très en avance. Emmanuel Macron, habitué à faire attendre tout le monde, est plutôt du genre à débarquer à la dernière minute. Quatre jours avant le premier tour, les deux favoris ont répondu aux questions du JT de 20 heures de TF1, l'un après l'autre. Tout devait être fait pour qu'ils ne se croisent pas, mais le retard de Macron a déréglé l'organisation. Quand son chef de cabinet aperçoit l'équipage de Le Pen, au bout du couloir de la tour TF1, il est trop tard. Ils se croisent, se saluent courtoisement. « Bonjour, Monsieur le Président... »

Il n'y a pas de haine personnelle entre Emmanuel Macron et Marine Le Pen. Se retrouver deux fois de suite finalistes de l'élection reine, cela aurait même tendance à rapprocher quelque peu. Il arrive à la patronne du RN de trouver des qualités à celui qu'elle rêve de déloger. Quant au président, il n'a pas sous-estimé la résilience de son adversaire. Depuis longtemps, il pressent le match retour.

La plupart de ses conseillers n'ont pas enterré Marine Le Pen, en dépit des soubresauts de la pré-campagne. À l'automne, alors qu'Éric Zemmour fait une fulgurante ascension dans les sondages, le pôle communication de l'Élysée reste prudent. La paire Clément Léonarduzzi-Jonathan Guémas ne le voit pas détrôner sa rivale, qui bénéficie toujours d'un socle puissant dans les couches populaires. Les communicants gardent les yeux rivés sur les sondages : tous, depuis le début du quinquennat, placent Macron et Le Pen au second tour (et tous voient Macron l'emporter).

En décembre, la victoire de Valérie Pécresse au congrès LR fait brièvement frissonner la Macronie, avant que son début de campagne et son décrochage dans les sondages n'en fassent plus un motif d'inquiétude. Dans le courant de l'hiver, les pronostics vont bon train avec Bruno Roger-Petit qui, en observateur scrupuleux de l'extrême droite, scrute depuis le début la candidature d'Éric Zemmour. Les « rollings » donnent l'ex-journaliste au coude-à-coude avec Le Pen. Le conseiller mémoire se met à préparer sérieusement le scénario d'un débat de second tour Macron-Zemmour.

La guerre en Ukraine sert de juge de paix, si l'on ose dire. Éric Zemmour est piégé par ses déclarations pro-Poutine et son refus d'accueillir les réfugiés - il ramera ensuite pour se rattraper. Il sert de paratonnerre à une Marine Le Pen qui soutient publiquement les efforts diplomatiques d'Emmanuel Macron. Une habileté qui n'a pas échappé au premier cercle présidentiel. La candidate semble avoir définitivement lissé son image, à coups de photos de chats, mais surtout en retirant ses mesures les plus irritantes et en cultivant une posture de mère de la Nation.

Le Pen travaille son programme comme jamais, en renvoyant Macron à son image de président des riches et des puissants. Quand Stéphane Bern a découvert son projet d'« impôt sur la fortune financière » qui viendrait taxer la spéculation, et non le patrimoine, au contraire de l'impôt sur la fortune immobilière (IFI) de Macron, il s'est inquiété de tant de ruse. Le populaire animateur admire beaucoup Emmanuel Macron, mais ne comprend pas pourquoi il laisse son adversaire profiter de ce genre d'angle mort. Idem pour les éoliennes, dont il est un farouche adversaire. Le Pen annonce qu'elle les démantèlera. Macron a promis à Bern d'y mettre un frein, mais l'amoureux du patrimoine regrette qu'il cède trop à « la Pompili » – c'est ainsi qu'il appelle méchamment Barbara Pompili, la ministre de la Transition écologique, en référence à la Pompadour. À ses yeux, le président risque de laisser un motif de colère supplémentaire au RN.

Au début du printemps, Philippe Grangeon, ancien de l'Élysée qui continue à conseiller le président à distance, n'exclut pas totalement que Le Pen gagne. En tout cas, il parie sur une victoire moins ample de Macron. La candidate RN est comme insaisissable, elle qui a renoncé aux grands meetings pour des déplacements beaucoup plus discrets sur des marchés et, surtout, de fréquents passages médiatiques. Devant ses proches, Emmanuel Macron enrage : « C'est quand même dingue de me reprocher de ne pas faire campagne alors qu'elle se cache constamment ! »

La candidate fait ce que Gabriel Attal appelle « une campagne de studios ». Dans les dernières semaines, le porte-parole du gouvernement est de plus en plus sollicité sur l'argumentaire anti-Le Pen, lui qui débat à plusieurs reprises avec Jordan Bardella, le jeune premier du RN. Leur affrontement au *20 heures* de TF1, fin mars, est l'occasion de roder quelques attaques, comme une répétition du grand match. Gabriel Attal affûte certaines flèches directement avec Emmanuel Macron. Par exemple celle qui consiste à souligner ce qui se serait passé si Le Pen avait été élue en 2017. Ou la dénonciation d'un « projet ruineux » sur le plan économique.

Attal fait partie de ceux qui doivent « scruter les angles », comme l'intime régulièrement Macron à son entourage. Dans les réunions, le président insiste : pour le second tour, il veut du projet contre projet. « La morale ne suffit plus, et probablement n'a jamais suffi, estime-t-il. Il faut être précis, démasquer, décrypter. C'est du corps-à-corps. »

Pourtant, Emmanuel Macron reprend parfois des accents de la lutte contre le FN à l'ancienne. La dernière semaine de mars, en préparant son premier meeting, à la Défense, il cherche à réinstaller dans les esprits un clivage qui convoque l'Histoire. Lui contre Le Pen, ce serait la République contre l'extrême droite. L'émancipation révolutionnaire de 1789 contre la société de l'assignation des tenants de l'Ancien Régime. L'héritage des Lumières contre les lubies réactionnaires. Au passage, le président s'est mis à parler du « tandem d'extrême droite », manière d'associer Éric Zemmour, nouveau diable du paysage politique, à une Marine Le Pen qui tente de parachever sa dédiabolisation.

Mais Macron sait que les Français ont soupé des grands mots. Cette fois, il est prêt à sortir pour de bon de sa tanière. Bien décidé à couper l'oxygène de son adversaire.

Dès le lendemain du premier tour, il se précipite sur des terres très favorables à Marine Le Pen. Il se rend à Denain, ville déclassée et fracturée du Nord, où on lui parle toute la journée - en mal - de sa réforme des retraites. Au point qu'il finit par se dire prêt à s'en tenir à un âge de départ à 64 ans, et non 65. L'équipe de Le Pen, elle, n'avait rien annoncé aux médias pour ce lundi. Visiblement surprise, la candidate improvise un déplacement chez un agriculteur de l'Yonne.

On dirait que la campagne d'Emmanuel Macron commence véritablement ce jour-là. Comme si, au fond, Marine Le Pen était sa seule adversaire valable. Le mardi, il passe la journée en Alsace, toujours « à portée de baffes », comme le martèlent ses thuriféraires, et tient un petit meeting devant la cathédrale de Strasbourg. Le lendemain, son équipe se réjouira du contraste avec une Marine Le Pen qui convoque une conférence de presse dans une froide salle parisienne pour parler de géopolitique.

Jusqu'au second tour, il jongle entre les déplacements et les interviews. France 2, TF1, Le Havre, France Info, Notre-Dame, Marseille, *C à vous*... pour que le débat se cristallise sur ses sujets, et tant pis s'il faut s'expliquer cent fois sur les retraites. Il soigne particulièrement la presse régionale, mais s'adresse aussi à des médias beaucoup moins institutionnels. Comme Booska-P, un magazine en ligne sur le rap et les cultures urbaines. Trois quarts d'heure d'interview pendant lesquels il est interrogé sur des thèmes très orientés : « islamophobie », « violences policières », « appauvrissement de la jeunesse »... Le nombre de vues ravira les communicants de son QG de campagne.

Les ministres autorisés à prendre la parole, eux, se ruent sur les plateaux pour le service après-vente, Gabriel Attal en tête. Pendant les deux semaines qui ont précédé le premier tour, à cause de la règle imposant l'égalité stricte du temps de parole entre les douze candidats, le porte-parole n'a fait que trois petits passages télé : il ne fallait pas manger le peu de temps dévolu à Macron. Il se rattrape avidement, lui pour qui les médias sont devenus une drogue dure.

Le président déroule, façon bulldozer, même s'il tombe sur quelques os. Le lundi de Pâques, il sonne violemment les cloches de ses conseillers au cours d'une audioconférence. Emmanuel Macron est tombé sur un tweet de l'ancien ambassadeur Gérard Araud dénonçant la suppression du corps diplomatique. La réforme est actée depuis des mois, mais le décret vient d'être publié au *Journal officiel*, à une semaine du second tour. De quoi réactiver une virulente polémique, sur laquelle Marine Le Pen se jette immédiatement. Le président est ivre de rage. Quel sombre crétin a avalisé cette publication à ce moment précis ? À l'autre bout du fil, ses proches se tiennent cois, tétanisés.

L'ambiance est un peu plus sereine le lendemain, au QG, lorsque Richard Ferrand ouvre la réunion du comité de campagne, le dernier avant le second tour. « Le candidat s'est plus investi depuis le premier tour », note le général en chef devant la trentaine de participants. Il distribue l'argumentaire de la dernière ligne droite : « Rien n'est clair chez Marine Le Pen. Avec elle, c'est l'aventure. » Mais, alors que Macron creuse l'écart dans les sondages, Ferrand souligne aussi le risque d'une élection par défaut : « Il est indispensable pour la légitimité du président que le score soit le plus important possible. » À bon entendeur.

Peur sur le village

Petite respiration entre les deux tours. En ce week-end de Pâques, François Patriat est retourné dans sa Bourgogne chérie, où il a l'habitude d'avaler des centaines de kilomètres à VTT. Une ascèse qui lui permet de tenir une forme olympique, lui qui paraît beaucoup moins que ses 79 ans. Ce samedi, Emmanuel Macron tient un meeting à Marseille, mais son ami sénateur a préféré venir humer ces terres rurales qu'il connaît par cœur. Prendre le pouls d'une France qui ne partage pas tellement son amour pour le président.

Emmanuel Macron et lui, c'est une tendre histoire. Patriat est le « Fanfan » du président : c'est comme ça que lui et Brigitte l'appellent. L'un des premiers socialistes à l'avoir rejoint dans l'aventure, dès 2016, quand Emmanuel Macron n'était qu'une promesse pour les uns, une bulle pour les autres. Le sénateur, qui a connu cinq chefs d'État, fait rire le dernier avec ses bonnes formules. Souvent viticoles : « Monsieur le Président, le vin c'est la France, et l'eau c'est la souffrance ! » Mais Patriat est tout aussi inspiré quand il s'agit de parler de l'homme. Au sujet des débauchages du président : « Emmanuel, non seulement il est Dieu, mais il est pêcheur d'hommes, il va à la pêche. » Ou à propos d'un chef jupitérien : « Il est seul. Est-ce que Dieu n'est pas seul ? »

Souvent, Emmanuel Macron le sonde, pour prendre la température d'un pays qu'il ne sent pas assez depuis son palais. « Est-ce que ça prend, Zemmour, chez toi ? » lui avait demandé le président en novembre, à l'occasion d'un déplacement à Beaune, alors que les sondages plaçaient le polémiste entre 12 et 14 % d'intentions de vote. Macron sait qu'il peut faire confiance à Fanfan.

En cette journée pascale, l'élu est retourné à Chailly-sur-Armançon, minuscule village de Côte-d'Or dont il a été maire pendant douze ans. Une commune sans histoires, qui profite du rayonnement de son château, une ancienne forteresse transformée en demeure Renaissance. Sous le mandat de Patriat, un riche Japonais a réhabilité l'édifice, classé monument historique, et l'a transformé en hôtel quatre étoiles. De quoi donner du travail à tout le village.

Ici, il n'y a pas de chômeur. Pas d'étranger non plus. Et pourtant, au grand dam du sénateur, les électeurs de Chailly ont de nouveau placé Marine Le Pen largement en tête au premier tour, avec 31 % des voix, dix points devant Emmanuel Macron. Éric Zemmour est arrivé troisième, devançant de peu Jean-Luc Mélenchon.

Une nouvelle fois, François Patriat essaie de comprendre. En discutant avec les habitants, l'ancien maire entend un refrain, le même depuis trente ans : « Le bordel dans les banlieues, on n'en veut pas chez nous. » Voilà une angoisse que Macron n'a pas réussi à apaiser. Au second tour, le village votera pour la candidate RN à 58 %. Si la France se réduisait à Chailly-sur-Armançon, Marine Le Pen serait présidente de la République.

Concours de *punchlines*

Autour de la table, certains tirent une mine un peu gênée. Ils trouvent la proposition qui vient de fuser parfaitement ridicule. À quelques heures du débat d'entre deux tours, l'assistance réunie autour d'Emmanuel Macron à l'Élysée cherche des formules qui feront mouche face à Marine Le Pen. Les Technos en ont tiré une de leur sac : « Arrêtez avec le chat qui cache la forêt ! » Manière de plaisanter sur la passion très médiatisée de la candidate RN pour ses bêtes. D'autres participants lèvent les yeux au ciel. Décidément, ils trouvent lunaire cette façon d'aborder le combat politique...

Le président s'est mentalement plongé dans la préparation du débat en rentrant de son meeting à Marseille, le samedi. Le lendemain, il a commencé à balayer des idées lors d'un *call* avec ses conseillers. Chacun est rentré quelques heures chez soi pour le dimanche de Pâques, mais la séance géante de *brainstorming* est ouverte à distance. Grégoire Potton, le grand organisateur du QG, a centralisé un volumineux paquet de notes venant de tous ceux qui pensent avoir de brillantes idées.

Le mardi matin, Emmanuel Macron convoque à l'Élysée des ministres et des politiques, pour recueillir des propositions qui ne le convaincront guère. Il enchaîne avec un repas plus resserré, en compagnie de collaborateurs. Rebelote le lendemain, pour un ultime déjeuner de travail avec les conseillers et les élus les plus étroitement associés à la campagne. Tous les clans sont représentés. Les Technos, avec Kohler, Emelien, Denormandie, accompagnés par le jeune David Amiel, déjà une cheville ouvrière de la campagne de 2017. Les Scénaristes Léonarduzzi et Guémas. Le Grognard Bayrou. Les Jeunes Loups Attal et Lecornu, ainsi que Gérald Darmanin.

Avec eux, Macron rôde ses angles et teste des formules. C'est là qu'il met au point une attaque en piqué contre la baisse de la TVA sur l'énergie proposée par Le Pen. « Vous et moi, on n'a pas besoin de payer 0 % de TVA, lancera-t-il à son adversaire le soir même. Le chèque est plus adapté parce que la baisse de TVA n'est pas ciblée. » Lui-même a déjà forgé personnellement quelques piques, par exemple sur l'emprunt russe du RN : « Vous parlez à votre banquier quand vous parlez de la Russie. »

Dans la réunion, Gabriel Attal et Gérald Darmanin rivalisent d'imagination pour inspirer le président. Le ministre de l'Intérieur a mis au point une charge mêlant les racines du RN et la proximité supposée de la candidate avec Poutine : « Madame Le Pen, ça fait huit élections que votre famille est candidate. J'ai regardé vos programmes et ceux de votre père, je ne vois aucune différence, si ce n'est que vous êtes passée du *Nein* au *Niet* ! » La drôle de formule est jugée bonne, mais il est prévu de l'utiliser uniquement si le ton monte haut. Ce qui ne sera pas le cas.

À la fin du déjeuner, Emmanuel Macron dispose d'un répertoire très large, dans lequel il peut piocher à foison. L'après-midi, il s'isole, passe des coups de fil, peaufine ses saillies dans le secret de son bureau. Plus que quelques heures avant le second round.

« Le Pen veut annuler le débat »

Les horloges de l'Élysée viennent de sonner 17 heures, ce mardi, et un murmure s'empare des couloirs. À la veille du débat, Marine Le Pen vient d'appeler les responsables de TF1 et de France Télévisions pour les sermonner sèchement. Elle n'est pas satisfaite des modalités de l'affrontement télévisé prévu mercredi soir. Et pour mieux se faire entendre, la candidate tente un coup de force inattendu. Au palais, on se passe la nouvelle : « Le Pen veut annuler le débat. »

Les négociations entre les deux parties n'avaient pourtant pas trop mal commencé. Le lundi après-midi, les chaînes présentent leur dispositif au cours d'une visioconférence avec des représentants des deux camps. Clément Léonarduzzi et Grégoire Potton, le coordinateur de la campagne, côté Macron ; le porte-parole Laurent Jacobelli et l'ex-journaliste Philippe Ballard côté Le Pen. Le réalisateur Didier Froehly présente les modalités : agencement du studio, caméras, température, décor, etc. Le camp lepéniste scrute particulièrement un point sensible : les plans de coupe, ces images qui montrent un candidat en train d'écouter l'autre. En 2017, les téléspectateurs avaient vu une Marine Le Pen farfouillant dans ses fiches pendant qu'Emmanuel Macron s'exprimait.

Pour rassurer le RN, Didier Froehly promet de limiter ces plans : il ne montrera pas un candidat en train de chercher une note ou boire de l'eau.

Le mardi, à 11 heures, les représentants se retrouvent en visio pour fixer les dernières modalités et procéder au tirage au sort de l'ordre de passage. La séance se tient sous la supervision de Roch-Olivier Maistre, le président de l'Arcom (ex-CSA). Thierry Thuillier et Laurent Guimier, respectivement directeurs de l'information de TF1 et de France Télévisions, participent, accompagnés d'Adrien Gindre, chef du service politique de TF1, et Muriel Pleynet, rédactrice en chef politique à France 2. Mais là, c'est le drame. Les représentants de Marine Le Pen remettent en cause plusieurs points. La candidate veut un débat moins long : 2 h 30 au lieu de 2 h 45. Elle souhaite aussi revoir le conducteur, qui définit l'ordre des sujets : les chaînes voulaient commencer par l'international, terrain qu'elle juge trop favorable à Emmanuel Macron, et aborder l'écologie, qu'elle aimerait reléguer en fin d'émission. Enfin, Le Pen refuse finalement les plans de coupe : visiblement, les mauvais souvenirs sont traumatisants.

La visio s'étire pendant deux bonnes heures. On décide de tirer au sort l'ordre des sujets, sous la houlette de l'Arcom. Le pouvoir d'achat viendra en premier, suivi de l'international. Mais la tension monte sur les plans de coupe, et les discussions s'enlisent. TF1 et France 2 y tiennent absolument. Les journalistes n'en démordent pas : les téléspectateurs vont s'ennuyer ferme si l'image reste figée et que l'on ne peut même pas scruter les réactions d'un candidat lorsque son opposant parle. Le camp Macron reste en retrait, laissant les chaînes défendre leur bout de gras. L'équipe Le Pen s'obstine. On suspend la séance, dans un climat électrique.

L'après-midi, chaque QG est autorisé à envoyer une équipe de reconnaissance sur le plateau de la Plaine-Saint-Denis, en région parisienne. Les macronistes s'y rendent à 15 heures, les lepénistes à 16 heures. Mais dans le même temps, les événements se précipitent. Marine Le Pen s'accroche à son refus des plans de coupe. Elle fait savoir à TF1 et à France Télévisions qu'elle ne viendra pas dans ces conditions.

Un moment de panique parcourt brièvement la Macronie. À l'Élysée, Clément Léonarduzzi n'en mène pas large. Même si, dans l'ensemble, l'équipe de campagne ne croit pas tellement à ce coup de bluff. Au QG, Grégoire Potton juge que Marine Le Pen n'a aucun intérêt à planter le débat. Elle n'est pas la favorite, elle a besoin de ce moment d'affrontement. Aux alentours de 18 heures, la candidate craque. Elle accepte les conditions des chaînes. Il y aura des plans de coupe.

Jusqu'au bout, Marine Le Pen réclamera tout de même des aménagements. Le lendemain, en arrivant sur le plateau, elle demande qu'on enlève un ruban noir collé à sa table transparente, qui empêche de voir à travers. La candidate veut ranger ses fiches dans le renfoncement du pupitre, pour pouvoir les parcourir discrètement des yeux. Une astuce de dernière minute pour conjurer le mauvais sort.

Mais qui est Gérard Majax ?

La scène serait absurde, si le moment n'était pas si grave. Le président, serviette autour du cou, est en train de se faire maquiller, dans sa loge à la Plaine-Saint-Denis. Entre le blush et les pinceaux, autour de lui, comme si de rien n'était, les politiques entrent et sortent de la pièce. Ils vont et viennent au gré de leurs invitations médias, en bas. « Tu passes sur quelle chaîne ? » lance un Jeune Loup à un Grognard. Quelques-uns s'attardent devant les assiettes de charcuterie et fromage déposées sur la table. Pour accompagner ce buffet montagnard, qui fait friser l'œil de François Bayrou, quelques bouteilles de vin, et du whisky : l'alcool préféré du président après une grosse journée.

Ce soir, le cercle du candidat s'est légèrement élargi, traduction des influences à mesure que la campagne avance. Autour de Brigitte Macron, le chef de cabinet Pierre Cazeneuve, le député européen Stéphane Séjourné, les jeunes ministres Sébastien Lecornu, Julien Denormandie et Gabriel Attal. Ils côtoient les Grognards Richard Ferrand, Christophe Castaner, et François Bayrou, donc. Jonathan Guémas et Clément Léonarduzzi complètent le tableau, qu'ils regardent avec la distance des conseillers. Eux ne sont pas concernés par le mercato qui gronde, en cette fin de mandat. Ensemble, ils s'apprêtent à regarder le match. Et malgré les rivalités sourdes, personne ne boude son plaisir d'être au cœur du cénacle.

Dans quelques minutes, Emmanuel Macron va affronter Marine Le Pen dans le seul débat d'entre deux tours, l'unique débat de sa campagne. Dans la pièce, la tension est palpable. Le président se prépare. Il étire sa nuque, fait tressaillir ses épaules, mime deux trois uppercuts. C'est l'heure, le boxeur descend sur le ring.

Pendant le débat, les Grognards, les Jeunes Loups et les Scénaristes, concentrés, se mélangent. Il est 21 h 03. D'emblée, Marine Le Pen rate son entrée, dans un magistral faux départ. On la voit de loin, et surtout on l'entend parler toute seule sur le générique, jusqu'à ce que Gilles Bouleau, le journaliste de TF1, l'interrompe. Dans la loge, on est halluciné. Comment a-t-elle pu se planter à ce point ? Alors qu'elle prépare cette revanche depuis cinq ans, alors que les chaînes ont expliqué maintes fois aux candidats le déroulement de l'émission, seconde par seconde. Côté macroniste, on n'est pas loin de penser que c'est un acte manqué. Que Marine Le Pen n'a pas vraiment envie de gagner. Décidément, ça démarre bien. Même sur le pouvoir d'achat, premier thème abordé, et rare sujet préempté par la candidate RN ces dernières semaines. « Ce que dit Le Pen est totalement incompréhensible pour les gens », remarque Bayrou. Tous estiment que leur poulain est incontestablement supérieur.

Mais rapidement, les fameux plans de coupe douchent l'atmosphère. Ceux-là mêmes que Le Pen voulait éviter. Des images font tiquer les politiques. La posture nonchalante du président, ses sourcils en accent circonflexe quand ils ne sont pas à l'horizontale, son regard plissé face à son adversaire... « Il ne faut pas qu'il soit trop professoral », avertit Sébastien Lecornu. La température monte d'un cran. Dans la loge, on découvre les commentaires mordants sur l'attitude du président. Ils viennent des réseaux sociaux ou de SMS. On interpelle Clément Léonarduzzi, qui fait le lien avec Jérôme Revon, le réalisateur qui représente l'équipe Macron en régie : il faut arrêter les dégâts ! Le conseiller intervient à distance, depuis son iPhone. En bas, une personne chronomètre chaque plan d'écoute pour assurer une égalité parfaite entre les deux candidats.

À part ce coup de pression, la petite bande trouve le temps un peu long, parfois. Brigitte Macron est épuisée, elle a du mal à cacher qu'elle a hâte de rentrer. Soudain, au détour d'un échange aride sur les chiffres du chômage, Emmanuel Macron réveille un peu les troupes. « C'est pas Gérard Majax ce soir, madame Le Pen ! » On pouffe de rire dans la pièce. Certains s'empressent de lancer une recherche Google sur leur smartphone. Qui est ce mystérieux Majax ? Ils découvrent le prestidigitateur star des années 1980, dont ils ignoraient l'existence. Notre président désynchronisé a encore frappé, avec l'une de ses références vintage dont il a le secret.

On se ressert du fromage, il est déjà 22 h 23. Place à la partie sur l'écologie, qui fait moins rire les troupes. « Elle est en train de remonter », met en garde Sébastien Lecornu. « Il faut taper plus fort, vas-y Emmanuel, tape ! Démasque-la ! » crie Richard Ferrand, bien réveillé, devant l'écran de télévision.

23 h 49, le débat se termine enfin. En bas, Emmanuel Macron quitte le plateau, et retrouve Léonarduzzi, descendu le chercher.

« Vous avez vu, on a été sages, ç'a été plus facile qu'il y a cinq ans ! » lance Marine Le Pen aux journalistes. Emmanuel Macron et son adversaire se saluent. Le président est pressé de retrouver son épouse : « Je vais aller voir Brigitte, parce qu'elle me dira si c'était bien ou pas. » Sous-entendu, elle seule.

« On descend ! » Au même moment, dans la loge à l'étage, Brigitte, qui trépigne déjà depuis un moment, appelle tout le monde à quitter les lieux pour rejoindre le président. Elle redoute que son époux remonte pour discuter, et que cela s'éternise. La troupe obéit à la première dame, ils s'empressent de retrouver en bas le candidat. « Vous venez, on va prendre un verre en loge pour débriefer ? » leur lance Macron tout sourire. Raté, on rit sous cape. Tout ce petit monde remonte. On se détend, on boit un whisky. « C'est dommage, c'était court », regrette Macron, qui est bien le seul à le penser. Le président égrène ses regrets : « On n'a pas pu reparler du financement de son projet, et sur l'écologie, j'aurais pu aller plus loin, expliquer pourquoi elle est climatosceptique. »

Mais, autour de lui, la cour s'est reformée. C'est à qui lui dira le plus précisément à quel point il était excellent. On se demande ce qui relève de la remarque ou du placement de produit. Tout le monde a en tête le dimanche suivant, à 20 h 02, quand la guerre de succession sera officiellement ouverte.

Emmanuel Macron aussi est déjà dans le coup d'après, comme toujours. On va « tabasser », y aller à fond sur le terrain pendant deux jours, intime-t-il à la bande.

Le lendemain, le président ira au *20 heures* de France 2, chez Anne-Sophie Lapix. Ce soir-là, on lui annonce qu'il aura un micro-table, et pas un micro-cravate. Le président s'en félicite, et explique que c'est à cause du boîtier de son micro mal placé, dans sa poche arrière, qu'il gigotait dans tous les sens, la veille.

Un peu plus tôt, le candidat a découvert avec surprise la violence de Marine Le Pen à son égard. En meeting à Arras, son adversaire a dit de lui qu'il n'aimait pas les Français, qu'il avait été « condescendant, nonchalant » lors du débat. Emmanuel Macron pensait pourtant avoir terminé la soirée de façon apaisée en allant la voir. « Bonne fin de soirée, bonne fin de campagne, madame Le Pen. »

« Bonne fin de soirée à vous aussi », avait répondu la candidate. Mais la politesse a ses règles que la politique ignore.

Entre chiens et loups

Cette fois, le président a écrit son discours tout seul. À son retour du Touquet, en début de soirée, il a noirci des feuilles, assis dans son bureau d'angle. Alexis Kohler, Clément Léonarduzzi, la plume Jonathan Guémas et l'organisateur de l'ombre Grégoire Potton l'entourent, à l'Élysée.

Emmanuel Macron sait déjà qu'il a gagné, mais sa mine est grave. « Le plus dur commence », dit-il simplement à ses proches, qui se chargeront de répercuter soigneusement la phrase.

À cet instant, le président est parfaitement conscient que sa victoire annoncée n'est pas un blanc-seing. Que ce nouveau quinquennat sera différent, peut-être plus difficile encore que le premier. Quand on se remémore la succession des crises traversées, on mesure le poids du moment. Un proche du chef de l'État dira l'avoir trouvé « écrasé » par l'instant.

20 heures approchent. Quelques minutes avant, comme le veut la tradition, le président et son équipe descendent dans la majestueuse salle des fêtes. Ils sont tous là. Autour des parents d'Emmanuel Macron, les chauffeurs, les gardes du corps, les conseillers : Bruno Roger-Petit, l'homme de la mémoire, Frédéric Rose, qui

couvre le régalien, ou Thierry Solère, le mordu de coups politiques. Les ministres en première ligne dans cette campagne, Sébastien Lecornu et Julien Denormandie, sont aussi présents.

Stéphane Séjourné, François Bayrou et François Patriat, eux, discutent sur la terrasse qui donne sur le jardin. Ils constatent que les choix du président étaient les bons. Mais l'ambiance n'est pas à la liesse. D'ailleurs, ce soir, le président du MoDem n'est pas très volubile. De son côté, François Patriat avait été convié à Matignon, dans un premier temps, pour un pot convivial. En arrivant rue de Varenne, chez le Premier ministre, il découvre avec surprise... qu'il n'y a personne. Il aurait pu rester longtemps : Jean Castex était parti à l'Élysée ! Patriat a été tiré du bourbier par un appel du jeune Pierre Cazeneuve, le chef de cabinet de la campagne. « Êtes-vous à Paris, monsieur Patriat ? Le président serait content que vous soyez là. »

Il est 20 heures, le visage du chef de l'État s'affiche sur les écrans de télévision. Dans la salle des fêtes, Brigitte Macron est en pleurs. Tout le monde se presse autour du président réélu. Il a l'air éreinté. « Prends soin de toi », lui dit « Fanfan ». Alexis Kohler, l'autre maître des lieux, est radieux : il a l'air libéré. Comme soulagé par le score de 58 % : non seulement Emmanuel Macron l'a emporté, mais il devance Marine Le Pen de dix-sept points. Même si, devant nous, le secrétaire général refusera d'employer le mot « victoire ». Trop triomphaliste. Pour lui, son patron a simplement été réélu sans ambiguïté.

La météo annonçait de l'orage. Il n'a pas plu, c'est une chape de plomb qui s'est abattue. Le Champ-de-Mars, majestueux dans la nuit bleue, la tour Eiffel, le déhanchement des militants... Sous le décorum, l'ambiance est électrique, certains visages sont tendus. Certes, à 20 heures, le soulagement a gagné la foule. Dans le carré VIP, au pied du podium, les enfants et petits-enfants de Brigitte Macron, adoptés par le président. Les gamins crient de joie, reprennent le slogan « Et un, et deux, et cinq ans de plus ! » Cependant, personne ne respire vraiment. Le président a réussi l'impossible sous la Ve République, se faire réélire hors cohabitation, mais le moment a une saveur étrange. La victoire semble presque embarrassée.

Le chef de l'État arrive solennellement, sourire hésitant aux lèvres, phalanges resserrées sur la main de son épouse. Le couple présidentiel marche côte à côte, tout de bleu marine vêtu, entouré d'enfants de membres de l'équipe de campagne. Les notes sont les mêmes qu'en 2017, celles de *L'Hymne à la joie*, symbole de l'Europe, mais quel contraste avec l'avancée en solitaire d'Emmanuel Macron devant la pyramide du Louvre, cinq ans plus tôt ! Comme si le monarque conquérant avait cédé la place à l'humble serviteur. Le président n'est pas venu parler de lui, ni célébrer son triomphe. Ni victoire honteuse ni victoire exagérée : c'est l'élément de langage qu'a fait passer Clément Léonarduzzi. Avant l'arrivée de son patron, le communicant s'est justement avancé, guilleret, vers quelques journalistes écrasés derrière les barrières. Pour faire le service après-vente et annoncer les prochains chantiers : « Le mandat est clair. Maintenant, ça va aller très vite... » Puis il tourne les talons, pour accueillir le président réélu. En descendant de sa voiture, Emmanuel Macron lui glisse un mot à l'oreille et lui tapote la joue en signe de reconnaissance.

Le discours du chef de l'État est court et sans élan. Difficile de parler à la France quand on est cerné par son fan club. Emmanuel Macron s'adresse à ceux qui n'ont pas tranché en sa faveur, ou pas de gaieté de cœur. Il veut leur jurer qu'il les a entendus, et compris. Ce n'est pas le moment d'en dire plus, tout est à construire. Ce soir-là, le président a conscience que sa victoire, pourtant très nette, n'est pas absolue. Entre ceux qui ont voté pour lui uniquement pour faire barrage à Marine Le Pen, ceux qui se sont abstenus, et les près de 42 % qui ont choisi sa rivale, la somme résonne comme un avertissement incontournable. Emmanuel Macron n'a pas réussi à réconcilier les Français. Il va devoir gouverner un pays toujours aussi fracturé.

Une chanteuse lyrique égyptienne entonne *La Marseillaise* a capella. La mezzo-soprano serait certainement parfaite dans *Carmen*. Certains ont l'air contents que la fête se termine. Quant au président, il ne lui a pas échappé que ce soir-là, autre chose se jouait dans les premiers rangs de la foule.

Il y a les ministres, anxieux, qui marchent dans les travées. Aucun ne sait s'il restera au gouvernement. Certains essaient de se placer sur les plateaux télé, le soir même et le lendemain. C'est le moment de se montrer, pensent-ils. D'autant plus que dans son discours, Emmanuel Macron a parlé de « nouvelle ère », ce qui ne plaide pas pour la continuité. On danse, insoutenable légèreté ou catharsis, pour se libérer du poids de l'incertitude.

Il y a aussi les rancœurs et les détestations recuites. Édouard Philippe est arrivé, telle une rockstar, nuée de caméras autour de lui et chemise ouverte sur sa gorge déployée. Il ne dit pas bonjour à certains élus de la majorité, en toise d'autres, mais discute avec un autre vilain petit canard aux yeux de la Macronie : le récent rallié Manuel Valls. D'ailleurs, beaucoup ne comprennent pas pourquoi l'ancien Premier ministre de François Hollande se retrouve au premier rang. Pour s'asseoir dans le carré VIP, mieux vaut avoir de l'assurance. Certains ministres trop timides en seront pour leurs frais.

Il y a de l'amertume, enfin. Certains élus, soutiens de la première heure, n'ont pas eu l'honneur de la zone réservée et sont retenus derrière les barrières. Un maire qui, six ans durant, n'a pas compté ses heures pour le président, envoie un message à un ami du vainqueur du soir : il se plaint d'être traité comme un singe au zoo.

Après un dernier bain de foule, Emmanuel Macron s'éclipse. Le convoi sort de Paris, prend la direction des Yvelines. Les caméras suivent à moto. Sur les plateaux, on s'interroge en regardant les images : Macron va-t-il à Villacoublay, l'aéroport militaire et présidentiel ? La visite prévue à Berlin aura-t-elle lieu dès ce soir ? Personne n'a été prévenu... La rumeur se dissipe bien vite. Le couple présidentiel va en réalité s'isoler à la Lanterne pour une parenthèse de calme. Avant un nouveau quinquennat de tempêtes.

Macron après Macron

« Il faut être dans l'action, pas dans le commentaire et les conjectures. » Au lendemain de sa victoire, Emmanuel Macron s'agace déjà en voyant que, depuis la veille au soir, certains de ses ministres ont planté leur tente sur les plateaux de télévision. Élisabeth Borne, Gabriel Attal, ou encore Bruno Le Maire, qui a même eu une phrase malheureuse sur le 49-3, semblant ne pas exclure le recours à cet article pour faire passer la réforme des retraites. Pour le président, il faut d'abord « digérer » les résultats, pas épiloguer. Il préfère que ses ministres agissent. Rien ne l'exaspère plus que de les entendre gérer leur destin personnel dans les médias.

Quelques heures plus tôt, en contemplant ses soutiens après son discours de victoire, il n'était dupe de rien. Emmanuel Macron sait que le 24 avril à 20 h 01, dans la faune macroniste, une nouvelle saison de *Game of Thrones* a commencé. Et cela fait bien longtemps qu'il l'a anticipée. Même s'il est très rare qu'il fasse référence à l'après, y compris en petit comité. « Ça sera du cannibalisme », l'a entendu lâcher un ministre dans une réunion, avant l'été 2021. Le président savait, déjà, que ses troupes se déchireraient pour sa succession. Qu'une fois l'élection passée, la Macronie basculerait dans un autre univers. Un monde où « les chiens sont lâchés, mais il n'y a pas de corde de rappel », grince un proche.

Emmanuel Macron n'a pas de successeur naturel, ni désigné. Il faut dire qu'il a fait le vide autour de lui. Personne ne devait émerger. Le président n'aurait jamais fait la même erreur que François Hollande, en nommant un ministre de l'Économie aux dents aussi longues.

Il y a une ambivalence chez Macron. Le premier de la classe n'est pas toujours si sûr de lui. Un ministre de poids lui trouve même des airs angoissés. D'où le fait qu'il ne fasse confiance à personne, hormis de rares collaborateurs comme Alexis Kohler ou Julien Denormandie. « Il a tué tellement de monde qu'il pense que tout le monde peut le tuer », reconnaît l'un de ses confidents. Au sommet du pouvoir, la défiance est reine. Le président s'est par exemple toujours méfié de son ancien secrétaire d'État Benjamin Griveaux, pourtant au combat à ses côtés dès 2017. Alors que Griveaux était fléché pour être le candidat de la majorité présidentielle à la mairie de Paris, le chef de l'État a demandé dix fois au milliardaire Xavier Niel s'il ne voulait pas se lancer à la conquête de la capitale.

Gérald Darmanin est un autre ministre dont le président s'est longtemps défié. À l'été 2020, le maire de Tourcoing s'est livré à un chantage monstre auprès d'Alexis Kohler pour être nommé ministre de l'Intérieur. Sur le papier, Jean-Michel Blanquer était déjà à Beauvau, mais Darmanin a réussi à faire plier le président, et a doublé le ministre de l'Éducation.

Emmanuel Macron a cédé, mais il a choisi un homme à lui pour diriger le cabinet de son jeune ministre : Pierre de Bousquet de Florian, son ancien coordinateur national du renseignement et de la lutte contre le terrorisme. Comme il avait placé un espion à Matignon en propulsant un proche, Nicolas Revel, directeur de cabinet de Jean Castex. Même si l'affable Premier ministre n'est, lui, pas une crainte pour Emmanuel Macron. Quelque temps après sa nomination, à un proche qui lui faisait remarquer qu'il en avait trouvé un bien souple, Macron a répondu qu'il avait toujours cherché cela ! Parfaitement conscient que Castex ne lui ferait jamais d'ombre.

Dans ses relations, Emmanuel Macron peut évoluer. Confier les clés de Beauvau à Gérald Darmanin, même avec un œil de Moscou, était un gage de confiance, et la relation entre les deux hommes y a gagné, désormais fluide.

Le flamboyant Bruno Le Maire, aussi, a dérangé le président. Pour beaucoup, le ministre de l'Économie est l'un des rares au gouvernement à avoir la stature d'un homme d'État, de premier-ministrable notamment. Mais Macron, pendant longtemps, n'a eu aucune confiance dans cet homme ambitieux, et trop flagorneur aux yeux de ses détracteurs.

Une anecdote parle d'elle-même. Après la conférence de presse post-gilets jaunes, en avril 2019, dans la salle des fêtes de l'Élysée, un petit groupe rejoint le président. Thierry Solère, Sébastien Lecornu et Gérald Darmanin, les deux derniers étant surnommés « Tic et Toc », pas forcément par ceux qui leur veulent du bien. Emmanuel Macron se détend, boit un verre d'eau, quand Darmanin prend la voix de Louis de Funès et susurre : « Monsieur le Président, vous n'avez pas été bon, vous avez été excellentissiiime. » Macron marque un temps d'arrêt, regarde son ministre et demande : « Bruno ? »

Malgré tout, le président a appris à connaître ce littéraire qu'il a nommé à Bercy, et qui a tenu la barre malgré les multiples crises. Les deux hommes se voient régulièrement en tête à tête. Bruno Le Maire sera aussi de plusieurs réunions ou moments stratégiques dans cette campagne, quand la plupart des ministres ont été tenus à l'écart. Présent, notamment, dans la loge du président porte de Versailles, au même titre que les Grognards Richard Ferrand ou François Bayrou, le soir du premier tour. Signe que les hommes, aussi, peuvent varier.

À l'inverse, la confiance peut muer en défiance. À l'époque où Édouard Philippe est encore à Matignon, un proche de Macron lui lance : « Tu as un problème, tu as créé ton numéro deux pour 2022. » Le plus stoïquement du monde, le président répond : « Numéro deux un jour, numéro deux toujours. » Est-ce parce qu'il redoute désormais son ancien Premier ministre que Macron essaie de lui mettre la tête sous l'eau ?

Au pouvoir, Emmanuel Macron ne tolère pas qu'on lui fasse de l'ombre. Lui seul doit briller. Il n'a jamais désigné de dauphin. De là à envisager de se représenter une troisième fois ? Certains de ses conseillers aiment plaisanter en imaginant sa campagne présidentielle de 2032. La Constitution interdit trois mandats consécutifs, pas trois mandats tout court.

Pourtant, le président a exclu cette hypothèse en petit comité. Le 8 avril, après une interview dans la matinale de France Inter, Emmanuel Macron monte dans le bureau de la directrice de la station, Laurence Bloch. Autour de l'équipe du chef de l'État, les présentateurs Nicolas Demorand et Léa Salamé, la directrice de l'information

Catherine Nayl, le chroniqueur Thomas Legrand et quelques autres journalistes. Interrogé sur une rumeur selon laquelle il pourrait modifier la Constitution pour pouvoir effectuer un troisième mandat consécutif, l'invité du jour se marre. « Même si je voulais réintroduire le septennat, ça ne s'appliquerait pas à moi. – Donc vous allez arrêter la politique ? – Oui. »

À la fin de son deuxième mandat, Emmanuel Macron n'aura que 49 ans. Dans son entourage, certains le verraient bien briguer un poste européen ou international. Autre option, créer sa boîte, lancer une start-up dans le domaine de l'éducation, comme il le projetait en 2014 avec ses compères Julien Denormandie et Ismaël Emelien, avant que François Hollande le nomme à Bercy. Une rumeur parcourt aussi les cabinets ministériels : Macron rêverait de devenir maire de Marseille, sa ville de cœur. Tant pis s'il n'en a ni les origines ni l'accent. À entendre Benoît Payan, le maire socialiste de la cité phocéenne – qui n'est pas du genre à céder aux sirènes macronistes –, on pourrait penser que c'est vrai : « Ce que le président a fait pour Marseille est formidable. Je l'ai vu se battre contre sa propre administration, faire des choses improbables. Emmanuel Macron a Marseille dans la tête en permanence, c'est un petit morceau de son histoire. »

Emmanuel Macron vit sa vie comme un roman. Il écrit des chapitres et ouvre de nouvelles pages. Dans son bureau de la très chic avenue George-V, d'où il se pique de faire et défaire des carrières, Alain Minc pense avoir cerné le personnage : « Macron, c'est au bon sens du terme un aventurier. Il aura une vie après, qui sera originale. Il a bâti sa vie comme une aventure, il continuera. Ce ne sera pas Hollande dans son bureau de la rue de Rivoli, qui reçoit les petits socialistes venus baiser la babouche. » L'idée que le président se fait de lui-même et de sa postérité va bien au-delà.

The Young Pope

Pour cinq ans de plus, Emmanuel Macron va reprendre ses rituels. Des habitudes ancrées dans son emploi du temps, qui permettent de garder un semblant de stabilité au milieu d'un rythme effréné où, à n'importe quel moment, un événement peut venir tout bousculer.

Les matins du président commencent doucement. Les équipes de l'Élysée ont une consigne : jamais de réunion avant 9 heures. On a beaucoup dit qu'Emmanuel Macron se couchait tard, un peu moins qu'il ne se levait pas trop tôt. Il prend son petit déjeuner avec Brigitte, aux alentours de 7 h 30. Il lit la presse, consulte les premières notes de la journée.

Le soir aussi, il préserve un moment avec son épouse. Il dîne avec elle dans les appartements privés. Tard, souvent aux alentours de 22 h 30. Ce qui fait parfois soupirer Brigitte, elle qui est toujours plus pressée que son mari : « On va encore dîner à pas d'heure... » Ensuite, la première dame se retire, tandis que son mari travaille. Dans le calme de la nuit, il retrouve souvent Alexis Kohler pour débriefer la journée. Son autre rituel tardif consiste à relever les très nombreux messages qui ont atterri sur son portable. Il en lit beaucoup, répond parfois. Ceux qui correspondent avec lui via Telegram s'amusent à comparer l'heure de ses messages : 1 heure, 1 h 30, 2 heures...

Le week-end, sauf en cas de déplacement, le couple présidentiel se retire à la Lanterne. Ce qui ne veut pas dire qu'Emmanuel Macron cesse de travailler, au grand dam de Brigitte. Le samedi est épistolaire : le président a pris l'habitude d'écrire directement, chaque semaine, à une poignée de Français - entre une trentaine et une cinquantaine - qui ont adressé une lettre à l'Élysée, souvent comme on jette une bouteille à la mer. L'équipe du palais vante beaucoup ce canal par lequel remontent des doléances passées sous les radars. Un seul exemple : la prise de conscience récente de l'endométriose, maladie largement ignorée alors qu'elle touche une femme en âge de procréer sur dix.

Les Macron rentrent à l'Élysée le dimanche, vers 18 heures. Les conseillers savent alors qu'une nouvelle semaine commence : ils reçoivent une rafale de messages sur les thématiques qui les concernent. Le président fait un retour sur les notes et les dossiers qu'il a examinés et digérés pendant le week-end.

Pour Emmanuel Macron, ce rythme n'est qu'un chapitre de sa vie. Il n'est pas un homme politique traditionnel, il s'en est suffisamment vanté. Pour François Hollande, l'Élysée était le parachèvement d'une vie entièrement tournée vers la politique. Son successeur n'a pas les mêmes ressorts, lui qui donne parfois l'impression d'avoir gagné au loto. « Macron est réélu hors cohabitation alors qu'il ne s'est présenté qu'à deux élections. C'est comme le mec qui jouait au foot à Issy-les-Moulineaux et qui d'un seul coup gagne la Coupe du monde deux fois de suite ! » s'émerveille son ami François Patriat.

Emmanuel Macron peut faire penser au héros de *The Young Pope*, cette série télévisée de Paolo Sorrentino, dans laquelle un jeune cardinal américain, interprété par Jude Law, est élu pape un peu par hasard, alors que la Curie le croit malléable. Sauf qu'une fois en poste, l'intéressé concentre tous les pouvoirs, dirige l'Église de manière déroutante, tout en étant perclus de doutes en son for intérieur.

Quel est le moteur de Macron ? Dans son entourage, on insiste sur la trace qu'il veut laisser dans l'Histoire. L'un de ses conseillers le voit se rêver en héritier de Louis XIV ou de Charles de Gaulle, rien de moins. Encore ministre de l'Économie, Macron estimait dans une interview au journal *Le 1* qu'il y avait un absent dans la politique française : « La figure du roi, dont je pense fondamentalement que le peuple français n'a pas voulu la mort. » Stéphane Bern a vite été séduit par ce côté monarque. Il se souvient d'un dîner, bien avant son élection, où Emmanuel Macron expliquait à des princes invités : « Diriger, ce n'est pas présider, c'est incarner. » Pour lui, le suffrage universel est un sacre. Il est désormais doublement sacré.

En attendant, c'est le retour sur Terre. Il faut mettre le second quinquennat sur les rails. Pendant toute cette journée à la Lanterne, au lendemain de cette étrange victoire, Emmanuel Macron a enchaîné les coups de fil, réfléchi à l'architecture du gouvernement, passé en revue les investitures aux législatives. En début de soirée, il fait préparer son convoi, direction l'Élysée. Il va retrouver ses Scénaristes, ses Technos, ses Grognards, ses Jeunes Loups. Se doute-t-il que les clans sont occupés à régler leurs comptes, alors même que leur champion a gagné ?

Splendeurs et misères des courtisans. De toute façon, on ne change pas un président, même réélu. Emmanuel Macron soupire. Encore cinq ans pendant lesquels il devra tout faire lui-même.

Remerciements

Merci à tous ceux qui ont accepté de nous donner de leur temps et de leur confiance, pour nous aider à décrypter Emmanuel Macron et cette campagne au jour le jour.

Merci à Soazig Quéméner pour ses encouragements, à Hadrien Mathoux et Jules Pecnard pour leur complicité, à toute la rédaction de *Marianne* pour son alchimie unique et précieuse.

Merci à Marc-Olivier Fogiel, Céline Pigalle et Philippe Corbé, qui m'ont permis de mener ce projet. À Thomas Soulié et Mathieu Coache, mon complice sur le suivi de l'Élysée. À Patrice et Nathalie pour leurs conseils, à Benjamin, mon relecteur.

Table

L'étrange victoire

Composition et mise en pages
Nord Compo à Villeneuve-d'Ascq

CET OUVRAGE
A ÉTÉ ACHEVÉ D'IMPRIMER
SUR ROTO-PAGE
PAR L'IMPRIMERIE FLOCH À MAYENNE
EN MAI 2022

N° d'impression : 100547
Imprimé en France